U0931777

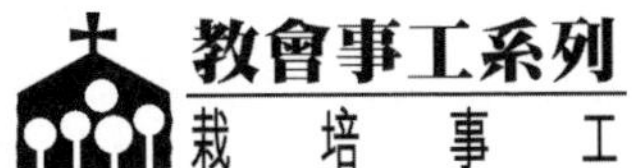

事奉生命的建立

認識事奉的態度、原則與恩賜

郭鴻標 著

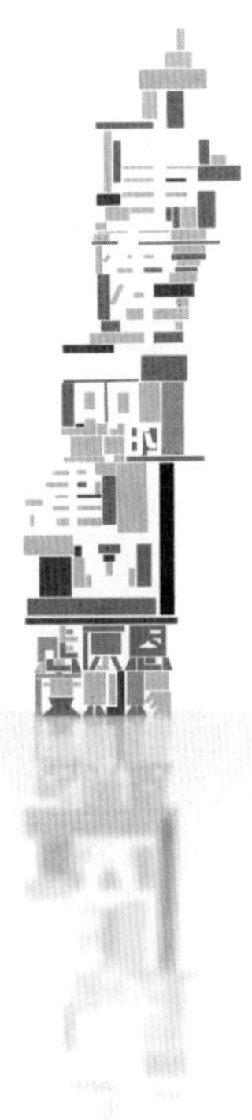

▼

教會事工系列 · 栽培事工

事奉生命的建立

認識事奉的態度、原則與恩賜

Nurture the Life of Serving

Revisioning the Attitudes, Principle and Gift in Christian Service

作者

郭鴻標 Kwok, Benedict H.B.

責任編輯

李慧儀

裝幀設計

奇文雲海 · 設計顧問

■

出版 / 發行

基道出版社

香港沙田火炭坳背灣街 26 號富騰工業中心 10 樓 1011 室

LOGOS PUBLISHERS

Unit 1011, 10/F, Fo Tan Ind. Centre, 26 Au Pui Wan St., Shatin, Hong Kong

電話：(852) 2687-0331　傳真：(852) 2687-0281

網址：https://www.logos.com.hk

承印

陽光（彩美）印刷有限公司

●

10/2007 初版

Cat. No. LP360C

ISBN: 978-962-457-340-4

Printed in Hong Kong

刷次	15	14	13	12	11	10	9	8	7	
年份	2032	2031	2030	2029	2028	2027	2026	2025	2024	2023

朱 序

華人教會以往有一種反智的思想，認為高舉知識就失去美好的靈性，因此追求靈命就要放棄知識；這種靈命與知識分割的看法影響華人教會的屬靈觀。

今日教會有另一個現象，正如郭牧師在本書所指，現代人著眼於人的能力和資歷，過於人的內在屬靈生命，對屬靈追求的向度，與過去比較，就如鐘擺(pendulum)一樣，由一方擺向另一方，事奉資格的準則傾向衡量人的才幹過於屬靈的質素。《事奉生命的建立》一書為這一點張力提出平衡的見解，我們要專門的知識也同樣需要有屬靈的品格。

本書從三個向度分享事奉觀：事奉的態度、事奉的原則與事奉的實踐（即恩賜的發揮）。郭牧師在書內分享他對事奉的看法「內在生命是事奉的源頭」。他提出屬靈導向的事奉觀，事奉者有清晰的事奉焦點，才能產生強而有力的影響力，因為事奉者的生命影響他人生命，也建造他人生命；失去正確的事奉觀，只知道採納市場推廣方法去營運屬靈企業，就會令事奉虛有其表、膚淺、缺乏深度。知識和個人潛能若建基在與神關係上，就更易開闢出和諧的人際關係了。

我們既不依靠人的能力、人的智慧去照管神的事工，事奉者的真誠，全心服事主，才能夠造就自己，改變他人的生命。事奉應該從心開始，保羅勉勵腓立比教會，敦促他們同心事奉，追求一樣的心思，一樣的意念，「各人看別人比自己強」；對華人來說，這是極不容易的事！除非對方真正比自己強，不然就難以合作。學效主耶穌的謙柔，放下自我，也是本書的忠言。

誠如郭牧師的期望，本書能幫助讀者的事奉生命得到建立，我誠意推薦這本書給追求誠心事奉主的人。

朱裕文

建道神學院副教授、何義思教席教授
基督教宣道會觀塘堂顧問牧師

自 序

作為事奉上帝的人，除了學好專門的知識和能力以外，更重要是培養內在的素質——亦即個人的屬靈品格。我們往往以為事奉就是投入一個接一個的運動、一項接一項的企劃，這些為上帝而作的見證確實值得欣賞；可是，如果沒有改變人的生命素質，事工的影響便只是短暫的影響。近年領導學強調領導者要具備對別人的影響力，這種影響力並不是行政和決策上的權力，而是從個人使命感散發出讓人不能抗拒的感染力。筆者在過往跌跌碰碰的事奉經驗中，深深體會到事奉要有影響力，除了所用的方法要專業優質外，更重要的是內在生命的建立。

事奉上帝的人，心底亦有矛盾掙扎，自我形像低落、缺乏個人成就感，都會形成自我保護的心態。當人缺乏安全感的時候，就會表現出自我防衛，需要藉著權力和成就來肯定自己。這種充滿危機的心態，令我們對身邊人或物都抱著懷疑及不信任的態度，特別是陌生人和不熟悉的事。本來四海之內皆兄弟，主內一家的精神應該是每個基督徒特質，可惜很多事奉上帝的人都給人一種山頭主義的感覺。

中國人給人的印象是一盤散沙，各自為政。自我中心可以變成自我放大，容不下別人。事奉上帝的人可以努力宣傳主耶穌基督和平及愛的福音；而同時卻懷著敵意和仇恨對待其他事奉上帝的人。當我們深思這種現象的時候，我們更深刻明白神的恩典與人的限制。若果我們意氣用事，就會跌進「傳福音給別人自己反被棄絕了」的陷阱。上帝如何考核那些長久以來一直事奉祂的人？我猜想，祂並不是以這人建立了甚麼豐功偉績來考慮；而是這人在實現事奉理想的過程中，有沒有傷害其他人，或傷害了多少人。

《事奉生命的建立》這本作品收集了筆者就事奉的態度、事奉的原則及恩賜的發揮所宣講的講章。文章從經文出發，進入個人內心反省，結合對教會生態的觀察，形成回應人需要的信仰提醒。筆者盼望這本作品能夠幫助你建立你的事奉生命。多謝基道出版社同工的文稿編輯，亦多謝朱裕文牧師惠賜序言。筆者在安息年到德國研究，得到香港專業人才服務機構支持，心中充滿感謝，願意把此書獻給香港專業人才服務機構，表達內心的謝意。

目錄

朱　序 …v

自　序 …vii

第一部：事奉的態度

1. 為誰事奉為誰忙 …2
2. 珍惜為主作工的機會 …9
3. 事奉的人生 …16
4. 事奉者的生命內涵 …25
5. 事奉的態度 …33
6. 屬靈生命的更新 …40
7. 上帝給我們發展的空間 …47
8. 以利亞，你在這裏做甚麼？ …51
9. 以利沙，你看見甚麼？ …62

第二部：事奉的原則

10. 僕人的事奉 …70
11. 聖潔生命的事奉 …76
12. 在基督裏的事奉 …82
13. 事奉的基本原則 …89
14. 彼此同心 …98
15. 樹立信徒的榜樣 …106
16. 基督乃榮耀的光輝 …115
17. 要我為你做甚麼？ …121

第三部：恩賜的發揮

18. 上帝的勇士 …130
19. 屬靈的恩賜 …136
20. 恩賜的運用 …147
21. 教會增長的原因 …154
22. 藉著禱告為主爭戰 …160

第一部 事奉的態度

1 為誰事奉為誰忙

太二十五 31~46

在繁忙的生活當中，當我們要探討一個事奉者的生命時，「為誰事奉為誰忙」是一個十分有啟發性的問題，因為這問題直指事奉的核心和根源。這問題讓我們能重申我們的事奉心志，與及思考我們的事奉態度。

當我思考「為誰事奉為誰忙」這個題目的時候，馬太福音二十五章31至46所載的山羊和綿羊的比喻，引起了我的兩個關注。這比喻講述上帝在審判的時候，好像牧羊人將綿羊和山羊分開，然後作判決，說：「你們這批信徒，可以承受那創世以來為你們所預備的國；因為我餓了，你們給我吃；渴了，你們給我喝；我作客旅，你們留我住；我赤身露體，你們給我穿；我病了，你們看顧我；我在監裏，你們來看我。」這個比喻對今天的事奉者發出了兩方面的挑戰：第一，我們是否忙於世俗事務，而忽視教會的事工？第二，我們又是否只忙於教會事工，忽略人的需要？

經常作好準備

我們看看這段經文的上文下理，馬太福音二十五章有三個主題：第一個是十童女的比喻，提醒我們要經常預備自己，準備迎接耶穌的再來；第二個是按才幹接受託付的比喻，提醒我們要善用恩賜事奉上帝；最後才是綿羊和山羊的比喻，提醒我們要以愛心及關懷對待有需要的人。三個比喻都各有不同的重點，卻層層深入地提醒我們，將來上帝再來審判世人的實況。

在繁忙的生活和工作裏，我們天天都要為很多世務而煩惱，例如家人的事、兒女的事、工作的事、住屋的事、法律訴訟的事、如何籌備飲宴……這些事情都會耗去我們的時間和精神。尤其香港社會處於轉型時期、國內國外的競爭日趨激烈，公司要不是增加工作時間及要求，就是扣減工資或裁員。基督徒當然不會倖免。我們也會切法保住飯碗，加倍努力工作。然而，要算來起，基督徒比非信徒所不同的，就是我們在假日或工餘時，仍要承擔教會的事奉。在這個艱難的處境底下，有些信徒選擇減少事奉。我認為這是很可惜的一件事。

耶穌基督在馬太福音裏，用十童女的比喻，提出了一個事奉者必須具備的智慧——時常作好準備，不能鬆懈。無疑，我們沒法準確知道主何時再來，但是我們亦不能忽視耶穌再來的應許。我們都知道，要先求祂的國和祂的義，但有時卻會讓眼前的事物和需要，遮蓋了再來的應許。「為誰事奉為誰忙」，我們現在所做的，是在事奉自己？還是事奉上帝？我們實在需要上帝的安慰和鼓勵，幫助我們在這個世界裏學習信心的功課，看見祂應許的真實，當祂再來的時候，不致陷入手足無措的地步。

善用恩賜蒙祝福

第二個比喻是「按才幹受託付的比喻」，這比喻提醒我們要善用恩賜事奉上帝。其實恩賜有很多種，不一定指講道、領查經、主持聚會的恩賜；音樂亦是一種恩賜、關懷別人亦是一種恩賜。上帝在不同的人身上賜下不同的恩賜，也沒有為恩賜劃分大小尊卑，只要我們忠心事奉。但我們卻常常躲懶，沒有看到那是上帝的恩賜。

上帝給我們恩賜，讓我們事奉祂，其實不是一種付出，而是一種恩典。如果我們願意付出時間為上帝的緣故服事教會、服事眾人，不單教會及其他人可以獲益，而我們自己亦會在恩賜的磨練上，得到進步。我在漢堡進修神學的最後一年，漢堡華語團契邀請我每月講道兩次。他們用普通話崇拜，而我的普通話並不太好，我覺得這個事奉於我來說實在有點吃力。我記得那段日子，每次預備講章以後，我要查字典找漢語拼音，進行一番標音工作，並且在家誦讀多遍。幸好，懂得廣東話的弟兄姊妹也滿有愛心地幫助我糾正發音。我後來漸漸發覺，這個事奉對我一家來說，不再單單是付出，而是一種祝福。在事奉裏，我們有機會多學習普通話；此外，我們藉這事奉接觸到海外華人教會的傳道及牧養工作，認識到福音禾場的廣大。香港教會林立，我們早已習以為常，但漢堡的華人弟兄姊妹要上教會卻並不是那麼容易的一回事。我和家人與漢堡華人團契對傳揚福音、建立教會，有了更深切的負擔。

作在小子身上

我喜愛綿羊及山羊比喻這段經文，原因是我和家人在德國的時候，獲得不少弟兄姊妹的關懷和鼓勵，讓我們在孤單的時候得到關心及支持。記得十多年前，我對修讀的教牧輔導科特別有興趣，其中一個原因是我自己內心有一個難解的結，所以希望更加了解自己，幫助自己處理心靈裏面的問題。我在教會裏面一向熱心，若有沒人承擔的事工，弟兄姊妹也會找我，以為我可以承擔。事實上我確實願意事奉，不過心底裏面卻常常被父母的感情問題所困擾，我心靈裏面有很多疑問，真的不明白上帝的帶領和旨意。別人只看到我熱心的一面，卻沒有察覺我心靈內的掙扎矛盾，我也從來沒有告訴別人，只向一個快將離開香港的外籍牧師分享心事，因為相信他很快便離開，不會引起尷尬。

很多時候，我們都很忙，忙於工作，忙於事業。熱心愛主的弟兄姊妹，你們忙於教會的事奉，但你們在事奉裏，有沒有看到別人的需要，以我們所領受的恩賜去服事他們？熱心愛主的弟兄姊妹也需要別人的關愛，我們又有沒有一顆敏銳的心，去關心他們，而不是只忙於做這樣做那樣？在我們身邊，有很多人都需要別人的關懷，問題是我們有沒有注意別人的需要，察覺別人的內心感受而已。

當我和太太及女兒在德國的時候，有一位華人牧者，經常邀約我們一家晚膳，關心我們。這位牧者已經退休，他知道我們的需要，亦了解在外地生活的孤單，所以常常藉晚膳交談提醒我們，鼓勵我們。那六年在海外生活，能夠有機會吃中國菜，令我們有家的感覺，十分溫暖、舒服。每當我們遇到孤單的人，我們很自然便想起自己接受款待的時光，必定會盡力幫助那些有需要的人。

在那個時候，我讀馬太福音二十五章31至46節，更加有深刻的體會。那些義人回話說：「主啊！我們甚麼時候見你餓了，給你吃；渴了，給你喝？甚麼時候見你作客旅，留你住；或是赤身露體，給你穿？又甚麼時候見你病了，或是在監裏，來看你呢？」王要回答說：「我實在告訴你們，這些事你們既做在我這弟兄中一個最小的身上，就是做在我身上了。」這段經文提醒我們：關心一個普通人，即是為主的緣故服事主。原來愛心的表達可以透過關心一些被忽略的人而蒙主悅納。

以年歲為冠冕

我回頭看自己的經歷，實在後悔沒有早一些主動找長者傾吐心底的說話。當自己心中有疑難的時候，不主動找牧師或者其他長者前輩，反而將自己困在一個死胡同裏面，實在愚蠢。這也讓我想到，關心別人、幫助別人是一種難度極高的挑戰，你願意關心別人，別人不一定願意接受你的關心及幫助。而且，關心別人及幫助別人亦需要高度的智慧，才不會令受助者感到沒有顏面或自卑。我相信退休的弟兄姊妹可以考慮承擔這項任務。

我這個想法，並非出於弟兄姊妹退休後反正閒著，便隨便將一些事務交託他們，而是考慮到他們豐富的人生經驗可以成為別人的幫助。人們退休以後，往往會覺得無所事事，要是身體精神健康狀況良好，退休的弟兄姊妹，其實可以在教會裏面作出多方面的貢獻，因為年歲也是上帝賜給我們的恩典，讓我們可成為別人的祝福。

總結

正如馬太福音二十五章所提醒我們的，在主再來審判之前，應當時常儆醒，珍惜事奉的機會，盡用上帝給我們的恩賜，不要輕視所作的工。更重要的，作為事奉人員，在繁忙的世務中，我們要有永恆的眼光和洞察，作上帝有忠心有智慧的僕人。

反思問題

1. 你認為自己忙碌嗎？是否被很多事務和事奉纏繞？
2. 你運用時間是否得宜？有想過如何重整生活的優先次序嗎？
3. 上帝給你甚麼恩賜？你有沒有好好運用上帝給你的恩賜？為甚麼？
4. 你有沒有想過，關心被忽略的人，就是對主耶穌的服事呢？

2 珍惜為主作工的機會

太九 35~38

馬太福音九章35節記載：「耶穌走遍各城各鄉，在會堂裏教訓人，宣講天國的福音，又醫治各樣的病症。」這節經文記載主耶穌去到不同的角落，宣揚上帝國的福音。在教會歷史裏面，約翰衛斯理也騎馬到礦場傳道。當我反省教會的傳道工作，以及自己的參與方式的時候，有一個想法，就是不能被動地等未信者踏入教堂的佈道會中聽道，更要參與各種福音預工的事奉。

在各個範圍裏服事

自九七年回港，我開始獲邀去不同教堂負責主日講道。

我的優次原則，是哪個教堂最缺乏講員，我就優先考慮。以前我們一家住在外母家中，二女兒剛出生，所以我們需要一部汽車。結果上帝奇妙地讓一位牧者將一部還可以行走的舊車送給我們。我們為此與上帝立約，表明樂意到偏遠的小教會服事，特別是遠離地鐵站的地區。那時，我亦有一種走遍香港、九龍、新界的感覺。當我反省走遍各教堂講道的服事方式的時候，一方面覺得像主耶穌那樣熱愛上帝的工作，四出為福音奔走，實在有意思；另一方面，卻又覺得與會眾的關係未能深入紮根，就像蜻蜓點水，也容易令自己產生講員心態。

在不斷的反省裏面，我愈來愈覺得四處都是佈道機會。我曾經協助培訓佈道隊，亦參與培訓植堂的弟兄姊妹。他們所作的，都蒙上帝祝福。但除了打正旗號的「教會佈道事工」之外，我亦看見鼓勵弟兄姊妹在職場中見證佈道的迫切需要。很多弟兄姊妹感覺工作充滿壓力，在同事勾心鬥角間疲於奔命，卻忘記了自己是福音的使者、是真理的燈臺。很多人將信仰與工作分割，過著一種人格內在分裂的基督徒生活。因此，我覺得需要提醒弟兄姊妹注重在職場中見證佈道的責任。首先，我們要在心態上改變，不再以「為兩餐」的態度返工，而是履行上帝交託給你的使命返工，讓上帝成為你的盾牌，時刻在工作上盡忠，榮耀上帝。當你以上帝的愛關心同事的屬靈生命需要的時候，你會經歷上帝的大能。你會看見人生命的改變，你自己內心亦充滿喜樂。

其實，社會每天在變，人口結構亦不斷改變，在大學校園裏面亦有不少由國內來港的學者及研究生，他們對基督信仰十分認真，他們提出很多富挑戰性的問題，他們不是為難我們，而是渴望解明心中的疑團。我認識一位弟兄，在學園傳道會工作，專門負責國內學者的福音工作，他告訴我這個禾場十分大，很需要同工及弟兄姊妹支援。我從事神學教育工作，經常鼓勵對中國福音工作有負擔的弟兄姊妹多接觸中國學者，多閱讀中國歷史及文化的書籍，多思想基督教信仰與中國文化、中國現代化的講題，以致在佈道工作上有更多的工具。

上帝在各個領域已經展開了祂的工作，今天，當我們思考要學習耶穌走遍各城各鄉，我們有沒有耶穌那天國的眼光，我們是否看見四處都是佈道和服事的機會呢？另外，今天我們面對的不再是一個「跨地域服事」的挑戰，而是一個在生活各個範疇上服事的挑戰，我們是否已建立表裏一致的信仰，以致我們有能力在整個生命裏見證上帝呢？

愛人靈魂的心腸

「〔耶穌〕看見許多的人，就憐憫他們；因為他們困苦流離，如同羊沒有牧人一般。」（36 節）主耶穌傳揚上帝國的福音，並非眼光放在數字上，而是每一個個別的人身上。主耶穌親自安慰心靈受傷的人，扶助他們找到希望。

美國與香港都是注重效益的社會，教會在佈道工作上都推出不少簡單容易掌握的訓練，讓大部分弟兄姊妹能夠參與其中。這類所謂「佈道 ABC」的訓練並非萬試萬靈，亦非自動運作。更重要的，是要培養佈道者有愛人靈魂的心。香港駕駛學院訓練學生，強調要有正確的駕駛技術及正態的駕駛心態。一個駕駛技術了得的司機，如果缺乏道路安全意識，反而造成危險，導致交通意外。同樣，我們在投身佈道工作的時候，最重要的是內心有情，看到未信者是一個還未找到耶穌的寶貴生命，而不是將他們視作客戶（client）。我們的任務是要幫助他們張開屬靈的眼睛，找到生命的意義。

一個不曾被愛的人，不懂得如何愛別人。這是我們耳熟能詳的一句話。同理，在教會裏面，我們不單要呼籲弟兄姊妹投身前線福音工作，同時亦要先建立他們，幫助他們在屬靈生命上成長。我發現很多弟兄姊妹在行政方面有很優秀的表現，籌辦活動、組織動員、文書記錄等，樣樣皆精；可是，卻缺乏屬靈內涵。這會導致很嚴重的問題——方向和本質上的偏差，容易將事奉變成工作。教會不單是一個組織，更是一個屬靈團契。上帝所祝福的教會是以愛心關顧被忽略的人和服事人的教會。沒有愛沒有憐憫心腸的事奉，只是一種機械式的活動，只有規章、程序，而沒有生命的活力。沒有愛和憐憫，人與人之間只有各種無形的阻隔，卻無法經歷上帝的同在。

如果我們要為上帝工作，首先要在聖經方面紮根，在禱告方面操練並且藉上帝的道指引處人處事方法。當上帝的道在我們心裏面的時候我們就會有愛，對人的難處更能體諒，亦能夠以屬靈的方法指引人。這種基督耶穌的心腸是訓練課程所不能夠傳授的，必須自己在祈禱讀經的操練中求上帝賞賜。弟兄姊妹，我們要在佈道工作上為上帝做更大的事，首先求上帝的愛充滿我們，愛那些未認識上帝的靈魂，愛教會的弟兄姊妹，以憐憫的心關懷那些被忽略，被人遺忘的人。我們若覺得自己被忽視，就更應以憐憫的心幫助那些沒有被關懷的人。求上帝幫助我們有正確的佈道觀，緊記以愛和憐憫去佈道，在這個基礎上求上帝賜我們機會、資源為神國的福音奮戰。

莊稼已經成熟

37至38節記載耶穌對門徒說：「要收的莊稼多，做工的人少。所以，你們當求莊稼的主打發工人出去收他的莊稼。」主耶穌告訴我們，願意接受福音的人已經成熟，祂需要更多工人去挑戰及呼籲人決志，祂吩咐門徒去將願意決志的人招聚起來。在38節後，就是耶穌揀選十二使徒及差遣他們的紀錄。

在十章1至14節的記載裏面，門徒幾經艱苦傳道，但不一定都獲得良好反應。不過，主耶穌卻說莊稼已經成熟。究竟我們如何理解主耶穌的話呢？主耶穌看見人的無助，屬靈上的枯乾、流離飄盪，就看出人渴慕上帝福音的時機成熟。人心的矛盾、內心的掙扎、罪疚、對上帝的渴求，只要門徒看到這些心靈需要，並且邀請人接受福音，歸向上帝，他們將會有非常多的工作，等著他們去完成。

馬太福音二十二章1至14節記載了喜筵的比喻：天國好像一

個王為兒子擺設筵席，可惜有人卻基於各種理由推卻。王就改變主意，邀請街上不分善惡的都來參加。主耶穌看見莊稼已經成熟的意思，就是當那些有能之士、有社會地位、有各種優秀條件的人，拒絕接受福音的時候，上帝會邀請平庸的、人生有各樣波折或失敗的、內心充滿失望的人，接受主耶穌基督的福音。

莊稼已經成熟的意思，是很多心靈受困苦折磨的人，可以在上帝的福音裏找到幫助。主耶穌提醒我們「康健的人用不著醫生，有病的人才用得著」。我們追尋上帝，原因是內心有空虛及不能滿足的感覺。為甚麼人會有這種感覺？原因是人與上帝的關係疏離，人因罪的緣故與上帝隔絕。上帝造人的時候，讓人心靈裏有尋找上帝的渴求，可惜人遠離上帝，令人心常常陷在矛盾的境況。福音的力量，就是將人從罪惡痛苦中釋放出來，使人經歷生命的更新，重整神人關係，在家庭、工作、教會中活出真我，並且在社會及世界中成為上帝的見證。莊稼已經成熟的意思，是人正在切切尋求上帝的引導。因此，我們不要懼怕，要作一個願意付代價的門徒，在眾人面前承認自己是基督徒。莊稼已經成熟，我們是否樂意同心合意興旺福音呢？主耶穌說：「要收的莊稼多，作工的人少。」你是否願意以行動回應上帝的呼召呢？

當我們投身前線事奉的時候，我們很自然發現自己能力有限。因此，我們為主作工，自然需要接受訓練。所以，我們要出去收莊稼，同樣也要接受訓練。昔日，主耶穌以師徒式方法進行門徒訓練。今天，我們有沒有準備接受訓練的心志呢？我們需要持續進修，加強裝備，同時我們不能停留在簡單的訓練層次上，要朝向有系統全面的訓練。在堂會的層次來說，主日學的培訓十分重要。究竟我們有沒有考慮積極參加主日學課程呢？當我們立志傳福音的時候，是否仍然停留在心靈願意的地步？弟兄姊妹，我希望大家不是「講就天下無敵，做就有心無力」。莊稼已經成熟，衷心鼓勵大家以行動回應上帝的呼召。

反思問題

1. 你是否珍惜每一個佈道和服事的機會呢？為甚麼？
2. 有沒有一些範疇是你覺得不可能在當中見證上帝的呢？原因何在？
3. 讀經和禱告等屬靈操練，與事奉和佈道有甚麼關係？
4. 莊稼已經成熟，是甚麼意思？
5. 上帝向你發出「莊稼已經成熟」的呼籲，你如何回應祂？

3 事奉的人生

林後四 1~6

哥林多後書四章5節記載：「我們原不是傳自己，乃是傳基督耶穌為主，並且自己因耶穌作你們的僕人。」保羅提醒我們不要抬舉自己，要以耶穌基督的榮耀為重，時刻想起自己只是祂的僕人。保羅本來是一個對律法有相當認識的人，亦熱衷猶太教的事。不過他卻缺乏屬靈的眼光，未能認識主耶穌基督就是上帝的兒子，在大馬士革的特別經驗後，他明白自己的魯莽、無知，因此，他由一個逼害基督徒的人變成一個傳揚福音的人。在哥林多後書四章1節記載：「我們既然蒙憐憫，受了這職分，就不喪膽。」在希臘文聖經中，職分是διακονίαν，即是執事的職分。保羅受了福音執事的職分，作上帝奧祕事的管家。但保羅並沒有因此變得驕傲，反而常常想起上帝無條件的憐憫，並且勇往直前。保羅作為一位偉大的使徒，他表明一個上帝重用僕人的素質：就是不傳自己，只傳基督。

上帝的愚拙

在哥林多前書一章21節，保羅教訓我們：「世人憑自己的智慧，既不認識上帝，上帝就樂意用人所當作愚拙的道理拯救那些信的人；這就是上帝的智慧了。猶太人是要神蹟，希臘人是求智慧，我們卻是傳釘十字架的基督，在猶太人為絆腳石，在外邦人為愚拙；但在那蒙召的，無論是猶太人、希臘人，基督總為上帝的能力，上帝的智慧。」保羅明白猶太人及希臘人對宗教的期望，不過卻沒有按照他們的心理需要，淡化十字架的福音。

十九世紀一位傑出的基督徒思想家魯益師（C.S. Lewis）在他的作品《地獄來鴻》（又名《大榔頭寫給蠹木的煽情書》）提出一個忠告，魔鬼會藉著人的些微謙卑，來誘惑他生屬靈上的驕傲，特別是當人在小規模試探中獲勝，就失去防範的心，以為自己在謙卑的功課上已經達到目標，其實自己真實的屬靈光境卻是仍然軟弱無力。當我想到這個令我感到恐懼的提醒後，覺得弟兄姊妹與我實在需要時刻警醒學習真正的謙卑。

學習放下身段

甚麼是真正的謙卑呢？保羅已經教導我們，就是不抬舉自己，不傳自己，甘心作眾人的僕人。這個實在是艱深的功課。我們若不抬舉自己，別人會否尊重我呢？當我不傳自己的時候，別人會否注意我呢？其他人是否會覺得我沒有專業能力呢？在一個崇尚專業成就的年代，每個人都要將自己最強一面展示出來，甚至要成為羣雄之首。這些年來，我們奮力於職場打滾，才獲得現時的地位，我們習慣了職場的一套，甚至不知不覺帶到事奉裏去。

如果我要學習事奉，我們應該注意，我們事奉上帝，是以上帝為首。是上帝首先行動，我們配合。我們千萬不要誤會，以為我們為上帝出主意，替上帝設計、部署、安排。上帝需要我們全心全意歸向祂，然後祂會用聖靈的力量行奇事，我們的任務是配合上帝的手去作工。我們是助手，是管家。因此，我們必須敏感上帝的心意，放下自己的專業眼光，在祈禱、讀經中領略上帝的心意。

縱使我們受過正統神學訓練，我們亦需要時刻緊記，上帝是全能的主，祂不會被我們的經驗，我們的思想框框局限。上帝是常常行奇事的上帝。所以，我們要更加小心謹慎，察驗上帝的心意。以我自己為例。從前我沒有想過參加職場神學運動，也沒有想過要嘗試探討靈修學，因為這些都是我受訓時沒有深究的範圍，我對這些學科只有基本的認識。但上帝慢慢帶領導我進入這兩個範疇，嘗試用新的角度思考信仰與生活的課題。當我踏足自己的受訓範圍以外的領域，我必須放下身段，我就發現，放下身段是認識上帝的其中一個重要元素。

我們要開放自己，聽上帝的帶領，然後成長。如果是執著於自己的「專業」和「識見」，生命的成長空間便會受到局限。事奉上的成長，也是一樣。我覺得放下自己，可以使自己轉型，發揮更大的效用。我們在事奉上放下自己，是為上帝的緣故，為要得著更多的人。如果我們可以為上帝得著更多的人，放下自尊、放下身段，又有何不可呢？求上帝幫助我們，內心充滿像保羅佈道的熱誠，為主努力奔跑人生的路。

學習接受責任

哥林多後書四章2節記載：「不謬講上帝的道理，只將真理表明出來，好在上帝面前把自己薦與各人的良心。」保羅提醒我們在事奉上要勇於承擔責任，不謬講上帝的道，要忠心表明真理。

使徒保羅是一個深受律法傳統影響的人，他認識主耶穌後，以福音的角度重新解釋猶太人律法的價值。他沒有反對律法，只是反對律法主義，反對那種硬要外邦人按猶太文化遺傳接受割禮才能成為基督徒的不合理要求。保羅愛猶太同胞，但亦愛非猶太人。他承受責任，向猶太人及外邦人傳福音。他發現外邦人對福音的反應更為熱烈，他就義無反顧地投身宣教工作。

對事奉人員來說，我們要學習依靠主承擔責任。我太太送了一個小禮物給我放在辦公桌上。內容是委身：在小事上忠心，將來帶來更大責任（參太二十五 21）。這是一個很寶貴的提醒。我們對主忠心，並非為了更大的權力，而是為了盡上責任。我們領受責任，目的為了服事，完成祂給我們的託付。我們只是僕人、管家，我們的任務就是忠誠地完成上帝的旨意。

領受責任的條件

保羅提醒我們，領受事奉的責任，最重要條件不是能力和資歷，而是有聖潔的生活。哥林多後書四章2節提醒我們，要「將那些暗昧可恥的事棄絕了，不行詭詐」。一個事奉上帝的人，最重要的是要有內在屬靈生命，只有生命能夠影響生命。內在的真我可以推動我們學習，在服事中增加恩賜及能力。不過，我們很多時候，會著眼事奉人的能力和資歷，多於人的內在屬靈生命。這種人格與專業分家的情況，在世俗社會十分普遍，不過在事奉上卻不能如此。我們必須強調保羅的教訓，內在生命是事奉的源頭，當人全然愛上帝的時候，上帝會藉聖靈的恩賜，訓練祂的工人，使人獲得相應的能力。

今天，我們崇尚專業訓練，好處是嚴格要求，可以保證質素，缺點就是未能強調內在的品格及屬靈的質素。因此，我們要時刻提醒自己，千萬不要以為自己對神學知識有較多認識，就以為可以洞悉上帝的心意，或者可以在屬靈的事情上掌握運作的規律。我常常覺得「驕兵必敗」是十分真實的。最近當大家看見美國虐待伊拉克戰俘的時候，亦會覺得美軍的紀律並非想像般嚴明。一支精銳的軍隊，必須有嚴格的紀律、高尚的理想，並非如強盜般恃勢欺人。在屬靈的事奉上，我們亦要時刻警惕，切勿自滿驕傲，以色列人失敗的原因就是驕傲，結果陷入偶像崇拜，離棄上帝的地步。

如果我們渴望事奉上帝，首先要謙卑求上帝潔淨我們，讓上帝完全得著我們的心，使我們不會榮耀和抬舉自己，只想榮耀上帝，為上帝得著更多的人的心。然後，我們可以把握上帝的應許，向上帝祈求事奉的機會。我們要分清事奉與事業的分別，事奉是以上帝為中心，我們只是管家、僕人。事業是以自己為中心，我是主人。我們千萬不要讓事奉私有化，亦不要誤會自己必定比別人優越。上帝給予我們事奉的機會，一切都是出於恩典。既然是上帝的恩典，我們有甚麼可以誇耀的地方呢？

學習建立別人

保羅傳福音不會計較個人的榮辱，他會以建立別人為己任。保羅本來是一個逼迫教會的人，信主後巴拿巴給予他事奉的機會。後來他與巴拿巴分手，開始與提摩太傳道的旅程。保羅固然有他性格上的強處與弱點，不過保羅的心志值得欣賞，他在甚麼人中間都可以為別人的緣故和睦相處，為了別人得到福音的好處。保羅並非沒有原則，他只是堅持，主耶穌基督的福音是白白給予世人的，我們只是憑信心接受。

保羅在寫給眾教會的書信裏面，非常強調彼此同心、互相欣賞，保持聖靈所賜的合一和諧。保羅鼓勵人要尋求上帝的恩賜，忠心運用恩賜，彼此建立。上帝賜下各種的恩賜，是要信徒彼此服事和配搭，發揮更大的作用。保羅提醒我們不要將眼光集中於自己身上，要看別人比自己強，多留意別人的優點，不要單挑剔別人的缺點。我們每個人屬靈成長的歷程都不同，有些人平穩地成長，有些人曾經跌倒、失敗，甚至離開教會，最後再歸向上帝。每個人的經歷都不同，信仰的程度亦不同，對教會的體驗都不一樣，我們需要彼此建立，讓別人在其起步點成長。如果我們只看見別人的不足，卻沒有發現可被栽培的地方，我們會浪費了幫助別人成長的機會。

巴拿巴接納保羅，使教會多了一個僕人。同樣，我們需要以彼此建立的態度幫助弟兄姊妹的屬靈生命成長。哥林多後書四章7節記載：「我們有這寶貝放在瓦器裏，要顯明這莫大的能力是出於上帝，不是出於我們。」其實我們都是卑微不配的罪人，上帝卻憐憫我們。既然如此，我們亦應該以建立弟兄姊妹為己任，幫助他們成長，鼓勵他們認真委身事奉上帝。

團隊精神

我喜歡足球比賽，一隊球隊在比賽過程中有攻有守。被別人攻擊的時候，大家要積極攔截，加強防守力，減慢對方前進的速度，讓後防球員有更多時間加強防守的部署，減少漏洞。進攻的時候，要在不同位置爭取據點，讓組織的球員可以有更多前進的可能性。我發現這就是事奉人員需要具備的團隊精神：有合作意識、有默契。

此外，事奉不是單打獨鬥或羣體活動，而是整個教會的屬靈爭戰。我們需要多練習，才可以培養合作精神，在純熟的操練底下，大家會更了解彼此的想法，默契才會產生。一隊球隊並非倚靠幾位天皇巨星就可以保持勝利。皇家馬德里球隊裏有很多國際球星，但他們亦會敗陣。所以，我們要注意，能夠使球隊取勝的，是歸屬感，是全情投入的戰意，是彼此建立和互相支持的感情，是以整體成功為重的心志，是平日有紀律的操練，是球員和諧的關係。一個事奉人員，必須有同工或弟兄姊妹成為他的守望者。因為他並非為了自己去爭戰，乃是為上帝的名爭戰。他屬於整個教會，亦是眾弟兄姊妹一分子。

我相信前線教牧同工非常需要弟兄姊妹的支持，一起發現上帝塑造教會的方向，邁開步伐。所以，我常常鼓勵弟兄姊妹，要記念你們的牧者，他們需要大家屬上的支持和建立，每一個事奉上帝的人，都需要成長，牧者亦一樣，如果我們明白彼此建立的道理，我們會締造一種溫暖的氣氛。

我們彼此建立，有一個更加深遠的意義，就是我們的禾場不單限於目前的狀態，我們不會擔心事奉上帝的人太多，只會擔心事奉上帝的人太少。因為上帝已經作工，感動不少人歸信基督，並且將慕道的人加給教會。我們面對廣大的禾場，必然想到要培訓更多工人，因此，我們彼此建立，是為上帝預備人才，為上帝做更大的事。如果我們訓練一個弟兄姊妹，有朝一日奉獻傳道，你心裏感到滿足，雖然自己未必可以走上這條路，但是你成為別人的幫助。我們很多時候注意領人歸主的數目，但比較容易忽略幫助人踏上事奉上帝的決定。我們應該珍惜每一個鼓勵弟兄姊妹參與事奉的機會，讓他在屬靈生命上成長。我們不單要渴慕聽道，更要積極行道，愛慕教會的事奉。

反思問題

1. 在事奉中，你有沒有抱著「專業主義」？會否因此影響了你的事奉？
2. 事奉跟事業有甚麼分別呢？
3. 你是否覺得不為上帝所用？你認為一個事奉人員要具備甚麼條件？你是否已經預備好承擔事奉的責任呢？
4. 在事奉中，你有沒有經歷過弟兄姊妹對你的扶助？你又有沒有建立他人的成長空間和機會？

4 事奉者的生命內涵

林後四 7~15

「我們有這寶貝放在瓦器裏，要顯明這莫大的能力是出於上帝，不是出於我們。」（四 7）保羅提醒我們要緊記一個屬靈的重要原則，就是時刻緊記上帝是創始成終的上帝，上帝管理宇宙，掌管每個人的生命。在上帝國度裏面，上帝是主角，我們是配角。在現實人生裏面，我們從經驗出發，往往以自己為中心點，解釋在我們周圍發生的事。對我們基督徒來說，參與教會活動，承擔組織及統籌的責任，十分值得欣賞，尤其是因為大部分弟兄姊妹都是義務為上帝工作。有些時候，我們會被自己的勞苦欺騙，以為自己的功勞和貢獻比別人大，甚至無法被取代。久而久之，我們便假設上帝必然要倚重我去作工。但保羅提醒我們，事奉並不是出於我們自己，而是上帝自己在作工。

以上帝為中心的事奉

在哥林多後書四章7節至五章10節裏面，保羅描述事奉的困難和希望。在這段經文中，他用了六個對比來形容事奉：一、是人的能力與上帝能力的對比（四 7）；二、是外在生命與內在生命的對比（四 16）；三、是可見的事與不可見的事的對比（四 18）；四、是短暫與永恆的對比（四 18）；五、是地上帳棚與天上住處的對比（五 1）；六、是在生與離世的對比（五 6~9）。保羅是一個傾盡全力事奉上帝的人，不過他不會將眼光局限於自己，他會發現自己的限制，自己心志上的軟弱，自己內在生命仍然有罪惡的念頭，亦會有人性的污穢。一個不聖潔不完全的人，竟然被上帝稱為聖潔公義完全，是上帝無條件的恩典。因此，他形容自己的生命是瓦器。

事實上，我們的生命亦是瓦器。我們有很多性格上的缺點，我們在意志上並非時刻以榮耀上帝為人生目標，我們會誇耀自己的成就，甚至會重視個人榮辱，多於上帝的榮耀。不過，上帝樂意將寶貝放在我們這瓦器裏面，使我們由平凡變成不平凡，使我們的平淡人生變得光輝燦爛。一個事奉上帝的人，要學習從上帝的角度看自己。首先是從上帝的眼光衡量自己的價值。我們信仰的核心是「因信稱義」，所以我們並非憑個人努力、成就獲得上帝的肯定和接納。我們只是基於上帝的恩典被接受為上帝的兒女。我們事奉上帝，亦沒有可以誇耀的地方。所以，一個事奉上帝的人會清楚事奉的成果是上帝的祝福，而不是自己的聰明。

其次，事奉上帝的人除了是「目標導向」（purpose driven）以外，亦應該是「屬靈導向」（spirit driven）的。目標導向是要有成果、有效益、是要成大事；屬靈導向是被上帝的聖靈感動、引導，甘願投放資源在弱者身上，不求作錦上添花的事，但求能夠雪中送炭。在一個講求成本效益的社會，我們在事奉上亦會以汰弱留強、資源增值的觀點作取捨；不過，我們需要留心保羅的提醒：「我們有這寶貝放在瓦器裏，要顯明這莫大的能力是出於上帝，不是出於我們。」

再者，事奉者除了在計劃層面作統籌管理工作以外，亦要重視對人生命牧養的服事。在主耶穌基督身上，我們看見上帝道成人身，在耶穌的人生歷程中，以生命影響生命。因此，我們並非單靠行政計劃足以改變人的生命，而是藉着有條理的計劃完成改變人生命的召命。我們強調人並非倚靠恩賜，能力事奉上帝，更重要的是內在生命的內涵展現上帝救恩的光輝。

克勝困難的決心

8至10節教導我們：「我們四面受敵，卻不被困住；心裏作難，卻不至失望；遭逼迫，卻不被丟棄；打倒了，卻不至死亡。身上常帶着耶穌的死，使耶穌的生也顯明在我們身上。」保羅描述事奉上帝的人並非一帆風順，相反會遇見各種挑戰和困難。8至9節列出困難的目錄：四面受敵、心裏作難、遭逼迫、被打倒。保羅在哥林多後書往後的章節更提及忍耐患難、窮乏、困苦、鞭打、監禁、擾亂等困難（六 4~5），他也列舉不少困難的具體例子：被監禁、鞭打、冒死、被棍打、被石頭打、船遇上風浪、遇長途旅程的危險、盜賊的危險、人的欺騙、因勞碌而失眠、缺乏食物、在寒冷天氣底下工作、為教會的事憂心（十一 23~29）。

保羅沒有美化事奉的情況，亦沒有誇大事奉的困難；他只是提醒我們，受苦是得榮耀的前奏。正如他17節所提出的：「我們這至暫至輕的苦楚，要為我們成就極重無比、永遠的榮耀。」對保羅來說，困苦是自然的，困苦可以將人磨練得更加成熟。他也在教導我們：「不但如此，就是在患難中也是歡歡喜喜的；因為知道患難生忍耐，忍耐生老練，老練生盼望；盼望不至於羞恥，因為所賜給我們的聖靈將上帝的愛澆灌在我們心裏。」（羅五 3-5）一個事奉上帝的人，需要經過磨練，由浪漫式的事奉激情，沉澱為一種踏實的事奉決心，計算代價後，甘心樂意承擔事奉的責任。

對一個初信者來說，投入事奉是令人興奮的，一切都是那麼新鮮有趣，大家都樂意接納支持，也自然會獲得弟兄姊妹的肯定和欣賞。一般來說，初信者事奉的範圍都是事務執行的層次，而且往往也是「件工式」事奉，與現實生活所產生的時間衝突亦較小。由於事奉任務的責任並不太沉重，而且其他人亦會遷就，所以在事奉上的感受是正面的，是快樂的。當我們投身更多的時候，在事奉的領域也隨之加深，了解該項事工的來龍去脈更多。那個時候，我們開始感受事奉上的真正困難。

從最基本層次說起，所有認真的事奉者都希望事工井井有條，自然會致力整頓，弄一個清晰的運作程序，改變一些以往的做法。不過，任何一種改變，都會令人感到不安、受威脅，一個簡單的處理手法上的改變，亦可以「無限上綱」，被解作用世俗方法行事，甚至離經叛道。如果我們要求的，不單是處理方法上的改進，而是內容上的質素提昇，那麼，就更易引來大家的「不快」——難道我們的素質不好麼？這人是在評核我們麼？如果我們期望不單「頭痛醫頭，腳痛醫腳」，要洞悉先機，作好規劃工夫，同時更要從事工理念開始，清楚說明事奉的理念和方向。我們必須接受一個事實，每個人都會有不同的理念，不一樣的方向。雖然大家都樂意事奉上帝，但事奉的方向、重點、方法等等，都不盡相同。以上所講的都是內部的困難，已經足以令人感到洩氣，感到孤單、失望和無助。

我們還未提及在商業社會中，標榜世人成功的卓越形像，卻輕看投身全時間事奉上帝的做法。當我們要學習事奉上帝的時候，會經歷外在的價值觀與屬靈的價值觀的矛盾和衝突。世人會認為獲得利益是最重要的，他們不會明白為甚麼基督徒要為信仰的緣故付出時間、精神、才幹、金錢來推動上帝的國度。他們會問這樣做有甚麼好處。一個願意事奉上帝的人，會面對父母、兄弟姊妹的疑問，特別是家人尚未信主，會勸說不要太沉迷宗教。如果遇到配偶未信主，總會埋怨參與教會活動造成疏忽家庭。我們要立志事奉上帝，必然會遇上大大小小的困難，內在及外在的困難，我們會很容易灰心失望，並且會有放棄的念頭。

所以，事奉人員要明白，踏上事奉的路，主要原因並非人的意志，而是上帝的恩典。當我們明白事奉上帝本身都是由上帝發動，我們就會將焦點由自己身上轉往上帝的上面。我們不會再被自己有限的能力、薄弱的意志，甚至過去失敗的記錄來蒙閉自己的眼目。我們要憑信心張開屬靈的眼睛，看見我們能夠事奉上帝，完全是出於上帝的恩典。一切困難都在上帝的掌管和計劃裏面。我們很容易在遇上困難的時候，埋怨上帝不公平。不過，上帝正要藉困難鍛煉我們成熟。我們要有做足心理準備來迎戰必會遇到的困難，也要看到上帝在這些困難背後所預備的美意，祂訓練我們能夠處變不驚，要我們明白人能負起事奉的責任，是出於上帝恩典的承托。

仰望永恆生命

哥林多後書四章10節提醒我們：「身上常帶着耶穌的死，使耶穌的生也顯明在我們身上。」一個事奉上帝的人需要緊記受苦指向生命的更新和重整。一個吃過苦頭的人，會更加明白人性的軟弱，亦深切體會人性的黑暗。當人得着耶穌基督的生命，就可以將被傷害的感受消解，開放自己接受上帝的引領。

同時，一個曾經受傷然後得醫治的事奉者，會更加明白事奉的艱難，人在心靈願意與實際困難中的矛盾。如果一個事奉者有「同理心」，能夠體會人的軟弱，可以站在別人的處境產生共鳴，同時透過愛心鼓勵支持，激發人踏前一步，克服心理障礙，勇敢向前。面對困難，保羅並沒有灰心失望，因為他經歷主耶穌基督的力量，他時刻默想耶穌基督的受死與復活（四 10）。

哥林多後書三章7節至四章6節描述事奉上帝的榮耀，他以摩西為例，表明事奉者的榮光，然後引伸出耶穌基督有更大的榮光。在講述主耶穌基督的榮光後，四章7至12節轉向講述事奉者的軟弱和困苦，然後在16至18節以永遠生命的榮耀作總結。按這個結構來說，保羅首先被上帝的榮光照耀，他在大馬士革路上的經歷，令他深刻難忘，他被上帝感動，冒險傳揚主耶穌基督的福音。然後，保羅扼要地描述事奉上遇到的困難，但是他並不是要吐苦水，他的目的是表明在這種惡劣情況下，他仰望主耶穌基督再來的榮耀光輝。保羅教導我們事奉上帝的人會經歷榮耀的人生，同時事奉上帝的人並不是高舉自己，宣傳自己，乃是傳耶穌基督為主。他用光明與黑暗的類比描述事奉者的任務。

哥林多後書四章6節教導我們：「那吩咐光從黑暗裏照出來的上帝，已經照在我們心裏，叫我們得上帝榮耀的光顯在耶穌基督的面上。」保羅首先以屬靈的眼光看耶穌的受苦和受死。他看見耶穌承受苦難，卻彰顯上帝的榮耀。因此，他不會以失敗者的角度形容耶穌，他甚至指世上不信的人被這世界的價值觀弄瞎了心眼，拒絕讓基督榮耀福音的光輝照耀他們的罪惡（四 4）。保羅被上帝呼召，努力傳道，彌補過去逼迫教會的錯誤，他亦看見未來上帝國度的光輝，深信主耶穌基督的復活，會成為信主的人的盼望。我亦深願各位亦看重永恆的價值，不要只顧慮短暫的事情。

反思問題

1. 你的人生是目標導向的人生，還是聖靈主導的人生呢？你有沒有重視以上帝為中心的人生呢？
2. 你是否有倚靠主克服困難的決心嗎？何以見得？
3. 你是否渴望找到永恆的價值呢？

5 事奉的態度

弗三 13~14

事奉是否有果效是受到很多因素影響：一、是環境的因素，工場的發展潛質、物質資源是否充足；二、是同工的質素，配搭與組織是否良好；三、是上帝的時機，上帝的旨意與計劃深不可測，只有上帝才知道萬事的適當時機。總括來話，事奉的果效受到天時、地利、人和等因素影響。在這三種因素中，只有地利及人和可以受人影響，而在地利及人和之間，人和是比較重要的，在人和這因素中，人與人的配搭組織還是次要，最重要的是每個人的事奉動機與心志。如果參與事奉的同工在事奉動機與心志方面薄弱無力，試問怎可以有良好的配合與組織呢？就算工場發展潛質優厚，物質資源充足，又怎可以產生美好的事奉果效呢？讓我們在上帝面前謙卑反省自己事奉的態度，使我們與其他同工有良好的配搭，善用資源，為主作工。

犧牲的精神

事奉上帝必須要付出個人的時間和精神。事奉並非將我們餘閒的時間和精神給上帝使用，而卻是將我們最寶貴的時間、最充沛的精神奉獻給上帝。從年齡方面來講，壯年階段是一生之中最寶貴，最光輝燦爛的時期，在生理方面精力充沛，在心理方面成熟穩重，滿有創業精神，但是在靈性方面卻是危險時期，因為在壯年階段，滿有雄心壯志，對個人專業充滿希望，在自己周圍充滿發展機會。壯年信徒寧願竭盡心力實現自己建功立業的理想，也不願負起事奉上帝的職分。有些信徒在不甘心、不願意的情況下被選派職務，只好免為其難做點功夫。在這種情況下，上帝的工作怎能夠被重視呢？

僕人的心態

事奉上帝必須要緊記自己所領受的一切都是上帝的恩賜，是上帝的託付，這樣我們便不會自高自大。緊記「使你與人不同的是誰呢？你有甚麼不是領受的呢？若是領受的，為何自誇，彷彿不是領受的呢？」（林前四 7）另外，事奉上帝必須要緊記並非求取權力與地位。馬可福音十章35至45節記載，耶穌的兩個門徒請求耶穌將來賞賜他們成為坐在祂左右的兩位重要人物。耶穌回答說：「你們不知道所求的是甚麼。我所喝的杯，你們能喝嗎？我所受的洗，你們能受嗎？」又說：「只是坐在我的左右，不是我可以賜的，乃是為誰預備的，就賜給誰。」後來耶穌發現門徒之間因為領導人的地位產生猜忌，就對他們說：「你們中間，誰願為大，就必作你們的用人；在你們中間，誰願為首，就必作眾人的僕人。因為人子來並不是要受人的服事，乃是要服事人，並且要捨命，作多人的贖價。」如果每個信徒都緊記自己所領受的一切都是上帝所賜，並且不為求取權力地位而事奉上帝，上帝的工作怎會不興旺呢？

合羣的心意

事奉上帝必然是要彼此配搭，每個人的恩賜、性格都有分別，沒有一個人可以具備所有恩賜，亦沒有一個人的性格是各方面都完美的。所以我們需要與其他信徒互相合作，互相配搭，才能夠發揮整體的實力。我自己很喜歡足球比賽，足球啟發我明白，無論進攻還是防守，互相配合才能發揮的最大威力。如果隊員喜歡表現自己，草率行動，結果便是陣腳混亂，個個孤軍作戰，最後便會被逐個擊破。保羅常常引用身體比喻教會，這個比喻實在很貼切，若每個信徒都願意互相合作，互相配搭，試問上帝的工作怎會停滯不前呢？

謙虛的態度

事奉上帝必須緊記自己一定有疏忽的事，一定有錯誤的地方。所以我們必須認真聆聽別人的意見甚至批評。人總會有種自尊心，認為自己是權威，是最出色的人，不容其他人侵犯。但是人在上帝面前能夠稱為權威嗎？如果我們以為自己一定無錯，便等於將自己看作上帝。我們如果要得到別人尊重，必須願意聆聽別人的意見與批評，知錯能改。其實承認自己有不足的地方根本不會損害我們的尊嚴。保羅亦毫不諱言自己的軟弱和不足，在哥林多後書十一章29節，他說：「有誰軟弱，我不軟弱呢？」十一章30節更記載：「我若必須自誇，就誇那關乎我軟弱的事便了。」盼望我們都能夠在上帝面前謙卑，並且願意聆聽別人的意見與及批評，將上帝的工作做得更好。

進取的精神

事奉上帝必須緊記自己責任重大，應該發奮圖強，努力學習充實自己。保羅在以弗所書六章10節教訓我們要靠著主，倚賴祂的大能大力，作剛強的人。另外，在腓立比書三章13節記載：「弟兄們，我不是以為自己已經得著了；我只有一件事，就是忘記背後，努力面前的。」保羅能夠蒙上帝重用，其中一個原因是他那努力不懈、不屈不撓的精神。今天，我們有著比保羅更優厚的外在條件，例如信徒人數比從前更多、教堂數目增加、教會也比較富裕、還有各種各類栽培課程、佈道法。但是，我們卻缺少了保羅那種進取精神。今天我們在事奉崗位上不求有功，但求無過，更可悲的是得過且過，苟且偷安，毫無生氣活力，好像退化衰老當中。盼望我們在上帝面前慚愧認罪，重新立志，努力學習，充實自己，為上帝作工。

忍耐的心志

事奉上帝的人必須忍耐逆境，人往往在面對困難的時候放棄原先的計劃，甚至失掉雄心壯志。這是人之常情。保羅在帖撒羅尼迦後書三章5節祈求上帝讓我們得到上帝的引導，並且專一愛祂，學習基督的忍耐。我們都知道，工作並非一朝一夕可以見效，而上帝的工作，是改變人心——改變一個人多年來的思想、觀念，接受福音，熱心敬愛上帝——要見果效，更是難上加難。所以，我們必須抱著盼望的心志等待、忍耐，這樣我們才可以在困難中堅持下去。

包容的心

事奉上帝必須要寬容其他人的閒言閒語和人身攻擊。保羅在哥林多後書五章10節提醒我們，人所做的事情，將來必要在基督臺前顯露出來，叫各人按著本身所行的，或善或惡受報。上帝是審判萬人的上帝，祂清楚我們每個人的心思意念、事奉的動機，只要我們心清意潔、不存惡念，不貪圖虛名及權力，忠心事奉上帝。即或遇到不好的人或事，上帝必定為我們開路，我們只管對人抱著包容和寬大的心。如果我們事奉上帝時內心充滿仇恨、報復、嫉妒，試問上帝又怎會祝福我們呢？

總結

無論我們是牧職人員，或是信徒，在事奉的路上都有很多需要學習，一時的挫折，一時的失敗，在一生的歷程中只是一段小插曲。我們應該緊記「忘記背後，努力面前，向著標竿直跑」。我們的內心往往被過去的陰影困住，以致我們無法在現在鼓起勇氣，衝破這些心理障礙。我們一方面不願意沉緬在過去的失敗，但卻不能克服那種陰影及創傷。今天，很多信徒不能夠毫無保留地事奉上帝，是因他們衝不破心理障礙這一關。我自己亦曾經歷這些失敗，亦很明白這種心理障礙的力量。雖然人最大的敵人是自己，但是，上帝是全能的主，祂必定會施恩典賜我們一個新的心志。當這個新的心志逐漸成長後，我們便可以克服過去在事奉上失敗的陰影，使我們的創傷得到治療。或者大家在過去沒有經歷事奉上的挫折和失敗，但是事奉上帝的路是崎嶇的，很多時候會突然出現困難。無論如何，只要我們的事奉態度正確，我們必定可以克服每個困難。盼望我們能夠在事奉的心志方面有更多的長進。

反思問題

1. 你是否在事奉中仍然充滿熱誠和鬥志呢？
2. 你是否在事奉中毫不計較名份和讚譽呢？
3. 以上所提到的生命內涵，你認為自己哪一樣是做得最好的呢？祕訣何在？
4. 哪一樣是最難辦到的呢？為甚麼？

6 屬靈生命的更新

約十五 1~5

當我們在繁忙的工作中稍稍停下來的時候，我們有沒有發現自己生活的形態是怎麼一個模樣。我形容生活形態有三種：一、是生存，例如為了兩餐委曲求存；二、是生活，目的是滿足工作和生活的內容；三、是生命，就是帶着屬靈生命力活出璀璨的生命。我鼓勵大家追尋屬靈的生命，經歷被聖靈充滿那份喜悅，在歲月漸長，年華老去的日子，仍然充滿屬靈的動力。

失去起初的熱心

如果我們參與教會的服事，但是我們沒有深化內在的屬靈生命，我們只能停留在從事工層面親近上帝，無法經歷內在生命的更新改變。如果我們沒有從內心親近上帝，我們在奔走基督徒屬天旅程的時候，很自然會失去起初的熱心，漸漸冷卻下來，變得不冷不熱，維持一種形式化的信仰生活。究竟我們的生命是否感到枯乾呢？我們可以保持出席主日崇拜，但是與上帝的關係仍然疏離。如果我們沒有邀請主耶穌基督管理我們的人生，我們仍然是信仰上的「門外漢」、「局外人」。

在事奉裏保持熱心的祕訣

上帝對我們每一個人都有獨特的計劃，上帝樂意塑造我們成為成熟的基督徒，亦樂意使用我們。關鍵是我們是否願意被上帝使用。如果我們願意被上帝使用，首先要願意被上帝管理一生，願意改變自己，包括整個家庭的生活方式；其次，我們要願意學習新事物，嘗試從生活的「安舒區」(comfort zone) 走出來，尋找更高的價值。如果我們要真正找到自己，真正找到上帝在我們身上的計劃，必須願意開放自己，尋找上帝對我們設計的生命方向、人生意義和價值。我們內心感到有屬靈上的不安，覺得總是有些欠缺，放下那些不能存到永遠的，追尋那些可以存到永遠的價值。我們事奉上帝，不單在活動的層面，事工的層面。首先是從內心出發，順服上帝對我們的旨意和帶領，我們才會找到屬於我們的人生方向、意義和價值，才會找到滿足的人生。

豐盛的生命

「盜賊來，無非要偷竊，殺害，毀壞；我來了，是要叫羊得生命，並且得的更豐盛。」（約十10）主耶穌應許我們活得更豐盛，用今日的說話是活得更精彩、更有意義。甚麼是豐盛生命、甚麼是更有意義的生活呢？近年很多人提出人生下半場（second career）的觀念，提醒人要追求更大的影響力（significance），而不是更大的成功（success）。甚麼是更大的影響力？那就是對人產生重要的影響力。從屬靈的角度來看，意思是改變人的生命，例如傳福音，幫助人走過生命中艱難的歲月，鼓勵人奉獻事奉上帝等。甚麼是真正的成功？相對於改變人生命的事奉，其他一切都變得間接和短暫。當人思想人生下半場的課題，關鍵是重新校正人生的方向，自己以後應該如何運用光陰歲月，每天的時間。當人以改變人生命成為人生下半場的目標的時候，很自然不願意浪費時間在那些只能夠產生短暫影響的事情上。

如果我們抓緊影響人生命作為事奉的重點，那麼我們必然希望更直接觸及人的內心世界，幫助人從心裏對上帝發出敬拜讚美。因此，事奉必然從心開始，接近別人的內心世界。這種服事非常神聖，因為別人會對你有信任，將埋藏心底的結與你分享。現今是高科技社會（high tech），不過人與人之間十分疏離，人更需要高度接觸（high touch），更深度接觸。因此我們十分需要從事生命影響生命的人，願意聆聽人內心世界的人。尋道者不單需要活動多元化的教會，更需要一間改變他生命的教會。

當我反思今日教會的使命的課題的時候，我覺得一般教會活動頻繁，牧者信徒忙得透不過氣。但是活動本身不是最終目的，而是參與的人獲得激勵，追尋屬靈生命的更新改變。如果信徒不斷參與活動，卻沒有內在的屬靈生命成長，我們需要反省究竟我們是否本末倒置。教會存在的使命是建立門徒，使更多的人與上帝建立屬靈的關係。我們不能偏重方法，而忽略目的。如果我們將注意力放在方法上面，卻忽略方向，我們只會不斷忙碌，但日子過去又看不見甚麼改變。在一連串熱鬧後只不過是人來人往，沒有深化屬靈的生命。如果我們要產生長久的屬靈影響，必須從心開始，直接參與改變人生命的事奉。在這個大前題底下，尋找方法，制定事工策略。這亦是以事工為中心（task-oriented）到以人為中心（person-oriented）的理念。

我觀察不同教會的牧者與信徒領袖，都面對一個共同的問題：就是忙碌。有些牧者變成教會活動項目統籌經理，信徒領袖同樣熱心事奉，幾乎事事關心，但卻好像消防員般四處撲救火頭。當看見這些情況，我會反問，究竟他們在忙甚麼？究竟他們建立甚麼？究竟這樣形式的事奉產生多大持久的影響力。究竟甚麼是單純的事奉？約翰福音十五章1至5節教訓我們，要常住在主裏面，上帝會修理我們使我們結果子。究竟我們的屬靈生命有沒有結出果子呢？究竟我們帶領多少人信主呢？究竟我們影響多少人奉獻事奉上帝呢？究竟我拿甚麼呈獻給主呢？其實，我們要首先回到上帝面前，與上帝相交，在生命上與上帝連結，然後才有能力完成上帝的託付。因為上帝會親自成就祂的工作，上帝有祂的方法亦有祂的時間，只要我們等待上帝首先行動，我們跟隨，事奉就變得輕省。

緊貼主的心意

有些時候，我們覺得在事奉上有很多不協調的地方，其實問題的本身「錯配」（mismatching），錯誤的人在錯誤的崗位，自己感到壓力，亦造成別人的壓力，帶來別人的傷害亦自己受傷。所以，我們要事奉上帝，必須在上帝面前坦誠面對自己，究竟我為了甚麼事奉上帝，上帝對我有甚麼託付。我是嚮往權力，還是嚮往完成使命呢？

主耶穌基督並非在大祭司家庭出生，亦沒有在猶太人宗教建制內以職位上的權力實現上帝的旨意，主耶穌卻是走上十字架的道路，完成上帝的心意。當我們在上帝面前尋求清潔的良心，我們就能夠擺脫權力的野心，承擔上帝交託的使命及甘心樂意放下上帝要我們交下的權力。我們只是上帝的管家，我們所要渴求的是忠於上帝的託付，完成上帝的使命，其中一個重要任務，就是為預備下一代的事奉人才，使上帝的家有比我們更傑出的事奉人員，為上帝的國度打拼。作為牧者，我們不是要操控，而是要建立信徒；作為信徒領袖，你們的使命不是單單管理教會，更重要的是有長遠的眼光，為上帝的家、上帝的國打穩基礎。

「若有人服事我，就當跟從我。」（約十二 26上）我們事奉上帝，需要緊貼上帝的心意，做上帝要我們做的事。作為牧者，我們要領受從上帝而來的信息，使我們「有道可傳」，按時分糧。作為信徒領袖，我們需要領受從上帝而來的指引，與牧者和眾弟兄姊妹一同塑造教會的未來。我們事奉上帝，眼光要遠大，能夠宏觀地從上帝國度看時代，究竟上帝如何帶領各地區的教會，那些教會增長方法湊效，那些方法不濟；並且為着教會未來的發展作出關鍵性的決定。在華人教會的範圍來看，上帝如何引領普世華人教會，如何在香港推展上帝的事工。我們需要與更多的牧者同道分享交流，擴濶我們的視野，明白身處的時代，其他教會回應的方法。

認清焦點

我們不能事事關心，樣樣兼顧，我們需要有自己清晰的焦點，才能產生強而有力的影響。究竟我們應該集中在哪些方面發展呢？這是關乎遠象（vision）的問題。有些所謂異象派的人，發夢後要由其他人落實，完成那些遠象。我們所需要的遠象，是踏實的目標，高挑戰性，要人委身冒險但卻不是不切實際。作為帶領教會的牧者、信徒領袖，實在需要在禱告中求上帝賜下遠象，使大家能夠充滿動力，實現上帝為大家預備的計劃。

主耶穌教訓我們先求上帝的國和上帝的義，生活需要自然會得到安排（太六 33）。我們先求上帝的國度在世上實現，表示我們尊重上帝的工作。如果我們尊重上帝的工作，上帝亦會尊重我們的工作。我們以事奉上帝為人生的首要選擇，上帝必定將出人意表的平安賜給我們。我們接受的任務，必須盡心盡力去為上帝完成。

作為牧者，我們竭力牧養弟兄姊妹的屬靈生命；作為信徒領袖，我們亦竭力協助牧者推動各樣計劃，使弟兄姊妹屬靈生命成長。有些時候，我們有個人的想法，不過教會整體卻未必認同我個人的想法。不過，我們亦需要學習以小數服從多數的態度接納整體的決定。作為傳道同工，我們亦會各自有不同的想法，但是重要的是大家都認同大家的共識，更重要的是接受堂主任的帶領。

反思問題

1. 生存、生活、生命，你的生活形態是哪一種？
2. 對比你起初事奉的熱情，你認為自己現在是進步了還是退步了？
3. 在你的事奉中，是否有從上帝而來的遠象？還是沒有目的地亂撲？只追著事工模式走呢？

7 上帝給我們發展的空間

詩二十三 1~2

詩篇二十三篇1節以「耶和華是我的牧者，我必不至缺乏」開始，提醒我們回想神對我們的看顧。在事奉裏，我們又有沒有看耶和華是我們的牧者，祂會看顧我們手所作的工？祂會供給我們的事奉，以致我們不會缺乏？

難享奢侈的自由

2節提及「他使我躺臥在青草地上，領我在可安歇的水邊」。這節經文形容我們活在一個有足夠資源及發展空間的環境。能夠躺臥在青草地是一種高級享受。香港愈來愈少草地，若果有，亦不容易讓你安靜悠閒地躺著，自由自在地享受柔和的日光，新鮮的空氣。我們幻想坐在水邊，靜聽溪水流動的優美樂章，已經感覺心曠神怡。當我默想這段經文的時候，我會想，究竟我們是否領會得到這節經文的意思呢？我們的心靈是否如經文所形容般自由自在呢？

在事奉上，我們會承擔不少責任，我們期望教會有增長，我們自然要積極投入各種事工。有些時候，我們亦會感到一種拉力，家庭需要、個人需要與工作和事奉需要找一個適當的平衡點。當然，解決的方法可以安排一些休息時間，讓自己可以在主裏面安息，充充電，再一次上路。當然理想與現實有一定距離。若果我們在工作上、事奉上都一切順利的時候，我們在工作與事奉的平衡上會較為容易。不過有些時候，當我們面對工作上的困難，或者事奉上的難處的時候，我們就未必容易處理因為困難而引起的情緒反應。這些情緒反應往往令我們不好受、不喜樂，心裏有很多埋怨。

上帝給予我們發展的空間

記得當我年輕的時候，參加一間以閱覽室為基址的小型教會，閱覽室聘請了一位老先生協助閱覽室主任工作，當時閱覽室沒有補習班，而那位老先生於是自發地義務教導小朋友做功課。我有時亦在那裏讀書，令我留下深刻印象的，是幾位經常出現的頑童。他們有時令那位老先生、閱覽室的負責人和義工感到束手無策。不過，那位老先生仍然很有耐性、很有愛心地教導他們。一九九七年，我留學回港以後，得知那教會裏一位姊妹的家人去世，我亦因此有機會與那教會的弟兄姊妹重聚。有一位年輕人來跟我打招呼，我沒把他認出來，他說自己就是當年經常出入閱覽室的其中一個頑童，現在已經信主。我看他十分有禮貌、衣著整齊，與當年截然不同。我心裏首先為那位有愛心的導師老先生感恩，亦為曾經以愛心關懷這些少年人的弟兄姊妹感恩。我們這些弟兄姊妹的信心，相信上帝會堅立我們手所作的工，即使在我們看不到改變和前境的情況下，仍然不放棄？我們又有沒有看到，上帝在頑童身上也有祂的工作？

另一方面，當我們在事奉裏遇上難處的時候，我們可能懷疑自己的能力，覺得我已經做足準備，可是效果未如理想。其實，這是十分自然的事。以兒童事工為例。教導兒童並非輕而易舉的事，我們需要對兒童的心理、學習能力、情緒反應……等有基本的認識。此外，我們又要經常反省自己的教學內容、教學技巧、表達方法、自我形像等是否需要改善。我自己在神學院裏，也是從事基督教教育的事奉，所以十分明白。在遇到困難的時候，要反思改善的方法。當我感到疲乏、失望的時候，我會更加把握禱告的時間，將自己的軟弱向神表白，然後，神會給我一種安然的感覺，好像詩人所說躺臥在青草地、溪水旁一樣。你又是否相信，上帝在你的事奉裏，帶領你向前，給予你發展的空間？

反思問題

1. 有沒有曾經為事奉而感到洩氣的經驗？後來是如何重新振作的呢？
2. 曾否感到不耐煩？或者因為看不到事奉的成果而感到焦急？
3. 你相信上帝會堅立你手所作的工，為你的事奉帶來發展的空間嗎？為甚麼？
4. 你相信上帝會在你的事奉裏，為你個人的成長，以及與祂的關係帶來發展空間嗎？原因何在？

8 以利亞，你在這裏做甚麼？

王上十九 9~18

每一個人在成長的過程中，都必須面對各種各類的挑戰和困難，很多人喜歡讀成功人士的傳記，激發自己的奮鬥心。以利亞是一個不凡的人物，我們聽見就心裏敬佩，可是，他的人生不單有值得學習的地方，也有值得我們借鏡的地方。

信心的建立

列王紀上十七章一開始，便描述上帝興起先知以利亞，勇敢地向亞哈王說預言，如果他不向上帝禱告，天就不下雨。上帝吩咐以利亞往東邊去，藏在約旦河東邊的基立溪旁，喝溪裏的水，並且烏鴉會供養他。以利亞經歷上帝的預言，信心大增。上帝又吩咐他到一個寡婦家裏居住。婦人是一位窮寡婦，以利亞向她取水和餅，婦人回答說她沒有餅，罈內只有一把麵，瓶裏只有一點油，她準備找兩根柴，為自己和兒子做餅，然後在饑荒中等死。以利亞仍叫婦人做餅，因他深信上帝的應許：「罈內的麵必不減少，瓶裏的油必不缺短，直到耶和華使雨降在地上的日子。」以利亞對上帝的信心非常大，在這個艱難時刻，上帝讓他根據住在基立溪旁受烏鴉供養的經驗，再將信心擴大一步，相信住在窮寡婦家中，先吃完婦人僅有的麵所做的餅，上帝會供應他們三人的生活需要。結果，婦人和兒子跟以利亞一同經歷上帝的信實，罈內的麵沒有減少，而且瓶內的油亦不缺短。經過這次危難以後，婦人的兒子患了重病，甚至身無氣息。婦人埋怨以利亞為甚麼來到她家中，以致上帝想念她的罪，令她兒子死去。以利亞求告耶和華上帝的醫治。結果上帝奇妙地將孩子醫治。以利亞在事奉上信心日漸增加。

三年後，耶和華的話臨到以利亞，要他去見亞哈。亞哈的一個家宰名叫俄巴底，是敬畏耶和華的，他就引介以利亞與亞哈見面。以利亞勇敢地向亞哈作出挑戰，結果，他獨力面對四百五十個巴力先知，仍然充滿信心，深信耶和華在祭壇上降火。事實證明，上帝是全能而真實的上帝，眾民便拿住巴力先知殺掉。以亞利被耶和華的靈充滿，束上腰跑在亞哈王前面，直到耶斯列城門（十八 46），充分表明以利亞被上帝的靈大大感動，充滿能力。

孤高絕世的陷阱

不過，到了列王紀上十九章，當耶洗別王后通知以利亞將要追殺他的時候，以利亞就起身逃命，到了猶大的別是巴，在一棵羅藤樹下求死。以利亞灰心喪志地說：「耶和華啊，罷了！求你取我的性命，因為我不勝於我的列祖。」（十九 4）以利亞為甚麼在信心高峰後跌進信心低谷呢？究竟以利亞出了甚麼問題呢？

在列王紀上十八章22節已埋下了伏線：「以利亞對眾民說：『作耶和華先知的只剩下我一個人；巴力的先知卻有四百五十個。』」以利亞的說法有部分正確，亦有部分不正確。以利亞將自己看成惟一的先知，實有自視過高的嫌疑。亞哈的家宰俄巴底亦曾向他表示：「耶洗別殺耶和華眾先知的時候，我將耶和華的一百個先知藏了，每五十人藏一個洞裏，拿餅和水供養他們，豈沒有人將這事告訴我主嗎？」（十八 13）以利亞的自信心卻膨脹到一個與事實不符的地步。他對上帝充滿信心是十分值得欣賞的，可惜這份信心需要與準確的自我了解連在一起，而他卻在事奉有點成績的時候，自視過高，以致跌進孤高絕世的陷阱。我們只是上帝的其中一個僕人使女，上帝的國度中有很多工人。同時，我們是否能夠勝於列祖，亦不是我們可以控制，亦不是我們應該追求的目標。以利亞卻在這方面犯錯，將目標放在自我的成就上。這種以自我為中心的信心，在事奉上及職場上只能夠面對短暫的挑戰，卻不能持久地應付更複雜艱難的問題。

既然以利亞曾經獨力面對四百五十位巴力先知，上帝顯神蹟見證上帝的真實，為甚麼耶洗別王后一道追殺他的命令，就令他喪膽，落荒而逃呢？原因是他雖然被上帝大大使用，但是卻未能徹底將信心放在上帝身上。其實，以利亞可以代表很多基督徒屬靈生命的寫照，我們曾經熱心事奉上帝，或者為上帝完成某些工作。不過我們會沾沾自喜，飄飄然地覺得自己了不起。可是當真正的考驗出現我們就即時倒下來，信心至最低點，情緒低落，甚至灰心放棄自己。

當我思想以利亞這種孤高絕世的事奉心態的害處時，我發現我們的信心應該完全放在那位死而復活的主耶穌基督身上，而不是放在自己身上。信心並不表示依靠自己「死撐」，信心是要相信上帝可以在任何惡劣環境中施行奇蹟。信心並不是與人的分析估計無關，而是在經過分析後，仍然相信上帝會保護。以利亞分析耶洗別有殺他的決心，知道耶洗別一定發動所有人追殺他。但是他沒有分析上帝同樣可以派遣天使、忠心的僕人保護他。以利亞的分析停留在屬人的層面，卻沒有張開屬靈的眼睛等候上帝的作為。以利亞在這次信心危機，清楚看見自己的軟弱，明白自己的屬靈驕傲不足恃，然後上帝就讓他再一次被建立起來。

事奉上以自我為中心

以利亞另一個缺點就是將自己的成就與列祖比較，也覺得自己在迦密山上戰勝四百五十位巴力先知，還比不上列祖的貢獻，可見他對自己有很高的要求和期望。他的優點是有追求卓越的心志，不會隨便苟且；不過，他的缺點就是在事奉上以人為中心，要追求個人的卓越成就。其實，真正的事奉是按上帝的心意完成任務，不必計較是否被人注意、是否被人重視。以利亞是一個被上帝重用的人，不過當他要在信心上突破的時候，他要徹底面對自己屬靈生命的陰暗面。他在信心低谷的時候，上帝再一次讓他清楚看見自己的本相，明白不能靠自己的信心，必須將眼光轉往上帝身上。

弟兄姊妹，我們有沒有在事奉上遇上以利亞類似的經歷呢？在工作上我們有沒有遇見眼高手低的情況呢？我們是否渴望以工作表現及成績證明自己的實力呢？以利亞的經驗提醒我們要專心仰望上帝，在少許成功後，不要樂極忘形，不要自以為是，要以上帝為中心，面對各種挑戰。人的心情會受外界事物所影響，信心的強弱亦會受外圍因素影響。不過，我們應該學習，縱使在外在環境惡劣的情況底下，依然深信上帝有最美好的旨意。平情而論，一個屬靈偉人以利亞亦有缺點，何況我們這些小輩。不過，上帝不會立一些我們不能學習的榜樣，上帝透過以利亞讓我們看見成功的先知亦有軟弱的一面；提醒我們學習真正的信心依靠上帝。

耶和華臨在的力量

列王紀上十九章5節記載以利亞向上帝求死，有一位天使叫他起來吃東西，然後以利亞看見頭旁有一瓶水和炭火燒的餅。以利亞吃過東西後，沒有為這不常的經歷而轉眼仰望上帝，他選擇仍然躺下。以利亞的情緒十分低落，縱使經歷有意想不到的水和食物，他仍然沒有為此感謝上帝，他仍然繼續鬧情緒。在7節，使者第二次叫他起來吃東西，但今次他多說了一句，「因為你當走的路甚遠」。很多時候，人在情緒起伏不定的時候，大部分時間都會回想過去發生的事情，感懷身世，為自己的無知和過失而後悔，甚至埋怨上帝，以利亞亦有類似的問題。他在為上帝打過一場勝仗後，屬靈生命達致高峯，突然間耶洗別王后一道追殺命，就將他打垮。他以為自己是惟一熱心事奉上帝的先知，這種孤高絕世的事奉態度令他陷入無法自拔的境地。他現在變成意志低沉，無心作戰，失去了為上帝爭戰的信心和勇氣。上帝十分了解以利亞的心情，透過天使勉勵他，你當走的路甚遠。以利亞這一次吃完了食物，就行了四十晝夜的路程到了何烈山，他由心情低沉，躺下自怨自艾的情況，改變為起步向前走，這是以利亞屬靈生命更新的第一步，他需要上帝的臨在，處理他內在的問題。

以利亞總算踏出第一步，如果他仍然意志消沉，他會自動拒絕上帝的幫助。很多時候，人面對危機或困難，都會自責，將責任歸咎自己及別人，不停地埋怨，不停地想著，如果當時我沒有這樣，情況就會不同，又或者會想究竟上帝為甚麼容許這樣的事發生，又或者會質疑上帝對自己是否充滿慈愛。我們往往就陷在這樣的光境裏面，無法自拔。縱使我們仍然有參加教會活動，可是卻心不在焉，人到心不到。我們在這種內在屬靈爭戰之中，並不懂得如何面對有些人不願意與牧者和弟兄姊妹分享內心的矛盾，又或者覺得沒有人能夠了解他的苦況，結果他就將自己孤立起來，自動拒絕上帝透過弟兄姊妹對他的關懷。有些承擔事奉崗位的弟兄姊妹，不願意向牧者及弟兄姊妹剖白自己的軟弱，惟有自己承擔壓力，在別人面前充當強者可內裏卻充滿疑惑和不安。因此，我們需要常常留心，在弟兄姊妹充滿歡笑的面孔背後，可能收藏了很多令人傷心的故事，又或者有弟兄姊妹好像以利亞在事奉高峯路下來的考驗。

在這段經文裏，上帝兩次問以利亞：「你在這裏做甚麼？」以利亞兩次都以同一個答案回答上帝，認為只有他一個人熱心事奉上帝。上帝仍然沒有用強硬的方法改正以利亞的想法，上帝親自臨在，讓以利亞知道上帝看顧他的感受，上帝了解他的心境。上帝向以利亞所發出的問題，首先要恢復他的鬥志，縱使他自以為是，但上帝仍然使用他，不願他從此自暴自棄。

上帝對以利亞的提問，對我們亦很有意思。究竟我們現在有甚麼方向呢？有甚麼目標呢？我在所屬的團契、小組、教會正在做些甚麼事呢？我在工作上做些甚麼東西呢？「你在這裏做甚麼？」是一個要求人對自己作出徹底全盤反省的問題。在規律化的工作和生活裏，我們為甚麼忙碌？我們的人生歲月是否就是如此重重覆覆地渡過，究竟我們有沒有明白上帝在我們身上的心意呢？上帝幫助以利亞的方法，是讓他轉眼看見上帝的能力，當以利亞能夠跳出自我的觀點，看見的不單是自己為上帝大發熱心，而是上帝的權能的時候，以利亞的情緒低落得到改變。以利亞開始明白灰心失望，意志消沉並不是解決問題的方法，他需要信賴上帝的權能，在困難的環境中仰望上帝的能力。

天使向以利亞所說的話十分正確，他要吃食物，因為他當走的路甚遠。以利亞在何烈山與上帝相遇，經歷上帝臨在的力量，這並不是事情的終結；相反，以利亞還有一段相當遠的路要奔跑。上帝讓以利亞醒悟，自己當跑的路甚遠，不能在這裏浪費時間和精力在自怨自艾的事情上。弟兄姊妹，你在這裏做甚麼呢？首先，我們要安靜，讓上帝臨在你的生命中，幫助你看見自己身處一個甚麼環境，究竟上帝的旨意如何，上帝如何使用你，如何建立你，如何透過你行事。上帝要你明白，並非只有你一個人為上帝大發熱心。在你的工作崗位，上帝仍然是掌權的主，上帝在你身邊預備了天使，愛主的弟兄姊妹，你不會孤單，上帝會保護你，你不必退縮，你當走的路尚遠，這次營會是給你再上路的勇氣，不要浪費時間在懷緬過去的事情上，你面前一切是敞開的，你願意讓上帝處理那些千絲萬縷的結嗎？你仍然躲藏在自己的洞穴裏面，還是站出來看見上帝的能力，聽見上帝的聲音呢？

遵從耶和華的差遣

上帝藉反問的語句，令以利亞重新面對自己，然後吩咐他回去，從曠野往大馬士革，到那裏膏哈薛作亞蘭王，又膏寧示的孫子耶戶作以色列王，並膏亞伯米何拉人沙法的兒子以利沙作先知。耶和華上帝差遣以利亞膏立君王和先知，讓上帝的工作得以繼續，亦讓以利亞明白不單只有他為耶和華大發熱心。十九章18節記載：「但我在以色列人中為自己留下七千人，是未曾向巴力屈膝的，未曾與巴力親嘴的。」上帝在差遣以利亞膏立君王和先知後，告訴他在以色列有七千人，是未曾與巴力親嘴的。上帝沒有責備以利亞，只是將事實告訴他，在他以外，還有七千個忠心的子民，意思是告訴以利亞，並非只有你一人為上帝大發熱心。原來上帝對以利亞有非常大的忍耐，並且採用一個相當適合以利亞的方法，扶助他重新振作，並且委派他為上帝服事的任務，按部就班糾正他錯誤的思想。以利亞亦遵從上帝的差遣，離開大馬士革走了。

從以利亞這個經歷中，我們可以明白一個屬靈的真理，並不是人為上帝大發熱心，而是上帝自己有奇妙的計劃。對以利亞來說，他會覺得自己內心對上帝忠誠無偽，並且看見偶像崇拜，假先知就心急如焚，他自然覺得自己內心有沉重的負擔，要為上帝爭戰，為上帝改變人心。以利亞會因此變得自我中心，從自己的角度出發，將自己看成上帝在以色列中惟一的代言人。上帝提醒他，他有很多同伴，很多志同道會的人，很多同工。

以利亞是上帝重用的僕人，上帝為他預備同工，與他一起配合。上帝預備以利沙成為接班人，讓以利亞將他的經驗與智慧傳授給他。以利亞經過屬靈生命的重整，學習不再自以為是，他不再陷入孤高絕世的事奉陷阱裏面，他轉變為以上帝為中心的事奉。同樣，上帝亦以慈悲憐憫，以適合我們的事奉方式塑造我們，上帝用適合我們的成長方法幫助我們成長。當我們經歷上帝的臨在的時候，我們會學習轉眼仰望耶穌的道理。當上帝重整我們的內在生命的時候，我們會再一次與上帝恢復關係，讓我們提起精神，向前奔跑。

以利亞在上帝的恩典底下重新恢復鬥志，我們在屬靈生命的成長方面，是否好像以利亞一樣，縱使在仍然未能完全解答心中疑問的時候，努力向前奔跑呢？以利亞向前奔跑，在何烈山上經歷上帝的臨在，被上帝差遣。所以，我們要反問自己，我在這裏做甚麼？我是否自以為是，誤會只有我為上帝大發熱心。上帝的心意是差遣更多工人，為祂工作，我們有沒有願意奉獻回應上帝的心志呢？

弟兄姊妹，或許你還未有全職事奉上帝的心志，不過你卻是全時間屬於上帝的人。上帝差遣你們進入世界，在職場上見證祂。很多人期望上帝重整他的生命，重新尋找人生的方向，因為他們覺得日子重重覆覆，工作好像機械化，沒有甚麼意義。如果我們要處理人生方向的問題，必須回歸上帝，再一次親近上帝，讓上帝將我們各種各類的負面情緒除去，讓我們挺胸昂首，向前奔走。只有當我們熱身，起步奔走的時候，就會領受更明確的方向。

很多時候，我們希望坐在海邊或樹下，將所有人生問題想通。其實，我們未必可以在現階段想通所有問題，我們仍然要生活，仍然要前進。我們需要提起精神，起步向前走。若上帝要使用我們，也要首先將我們操練成為一個精銳部隊的士兵，才會差派我們到更加危險的戰場作戰。我們期望上帝的差遣，首先要求上帝加力，起步奔走。事奉是一場屬靈爭戰，有時我們得勝，有時我們失敗。我們要保持勝不驕，敗不氣餒的精神，依靠上帝的力量前進，有些弟兄姊妹沒有想過走基督徒的道路要付上代價，要面對考驗，會有傷心失望，有時會陷入埋怨上帝的境地。這樣，我們就被攻陷被打垮。不過，上帝有恩典與憐憫，上帝會幫助我們從新得到建立，再一次接受上帝的差遣。

當我們對上帝的帶領完全順服，徹底跟隨上帝的時候，我們會看見上帝的大能大力，上帝是不在風中，亦不在地震中的上帝，上帝是獨行奇事的神。上帝鍛煉以利亞成為一個勇敢堅強的人，上帝使用這個為上帝大發熱心的人。究竟我們的基督徒屬靈生命，是否華而不實呢？我們是否有勇氣與罪惡力量抗衡呢？還是我們以一種溫馨浪漫的心態對待基督信仰呢？基督信仰要求結實的屬靈操練，在充滿挑戰的世界中為上帝爭戰。你在這裏做甚麼呢？上帝差遣以利亞，同樣差遣你和我，在上帝的國度中作祂忠心的僕人。你願意回應上帝的差遣嗎？

反思問題

1. 以利亞跟你有沒有相似之處？
2. 你從以利亞的人生裏，認識到上帝是一位怎樣的上帝？
3. 你在這裏做甚麼？

9 以利沙，你看見甚麼？

王下六 15~23

繼以利亞之後，先知以利沙成為上帝重用的另一位先知。以利沙在以利亞離世前仍然緊隨他，表明他的忠誠，以利沙沒有主動向以利亞求甚麼，相反是以利亞問他可以為他做甚麼。在上帝準備以旋風接以利亞升天的時候，以利沙對以利亞表明，願感動以利亞的靈加倍感動他（王下二 9~10）。以利沙所渴求的是上帝的靈充滿他，使他可以為祂承擔作先知的任務，為上帝做大事。他希望學習老師以利亞，能夠為上帝作先知。以利亞不能答應他，惟有向上帝祈求，讓上帝作主。結果，上帝答應他所求。列王紀下記載了很多關於先知以利沙的事蹟，其中一件是亞蘭王圍困以利沙所處的多坍城。經文描述以利沙與僕人的不同反應，值得我們深思。

從人的角度只能局部了解事實

這段經文有三個環節，每部分都用「看見」(hineh)及「圍困」(sabak)為重點的動詞。在列王紀下六章15節記載：「神人的僕人清早起來出去，看見車馬軍兵圍困了城。」這段敘事首先描述以利沙的僕人看見大軍圍困多坍城。當以利沙的僕人看見周圍滿佈亞蘭的軍隊的時候，就大失方寸。他對神人說：「哀哉！我主啊，我們怎樣行才好呢？」以利沙的僕人的反應是自然的，是人之常情，他不知所措，惟有問主人以利沙如何收拾爛攤子。其實，在早一段時間之前，先知以利沙才行了一個神蹟，就是砍了一根木頭丟到斧子掉下的河裏，令斧頭漂上來。這件神蹟表明了上帝的能力與以利沙同在。他的僕人亦應該相信上帝會藉著以利沙處理殘局。不過，以利沙的僕人信心較少，無法看見整幅圖畫，無法看見整個事實的真相。

我們對上帝有多少信心，就會看見多少的成果。上帝是改變人心的上帝，上帝可以將一個逼迫教會的掃羅，改變成一個甘願受苦犧牲性命傳揚主耶穌基督福音的保羅。因此，我們在按人的角度，客觀理性分析各種利害因素之後，更加要求上帝打開我們屬靈的眼睛。以利沙的僕人面對亞蘭軍兵圍困，心亂如麻，他失去平靜安穩的心。我們有沒有以利沙僕人的經驗呢？在學業上，工作上，家庭上，教會方面，有沒有面對被圍困的情況呢？我們有沒有覺得各種不利的因素都在你的面前呢？我們有沒有失去對上帝的信心呢？我們有沒有想過上帝會為我們爭戰呢？上帝是全能永生的上帝，祂行動的時候，無人可以阻擋祂。我們有沒有看見除了各種困難圍困我們以外，還有上帝保護我們呢？

祈禱使人看見屬靈的真實

16至17節記載以利沙勸勉僕人：「不要懼怕！與我們同在的比與他們同在的更多。」以利沙禱告說：「耶和華啊，求你開這少年人的眼目，使他能看見。」耶和華開他的眼目，他就看見滿山有火車火馬圍繞以利沙。以利沙的僕人本來按人的角度分析客觀形勢，他心裏十分驚惶。當以利沙禱告求上帝開他的眼目以後，他看見滿山有火車火馬圍繞以利沙。原來以利沙的僕人，看見的只有人的因素和作為，無法看見上帝的同在和能力。

18至23節記載以利沙向上帝禱告，求上帝使亞蘭軍隊眼目昏迷。然後以利沙將亞蘭軍隊領到以色列的撒馬利亞城。當以色列軍隊齊集在撒馬利亞城內，以利沙將亞蘭軍隊領進撒馬利亞城，被以色列軍隊包圍。然後向上帝禱告，使亞蘭軍隊能夠看見。當耶和華打開他們的眼目，他們發現自己在撒馬利亞的城中。

從這段敍事的結構中，我們可以發現「看見」與「圍困」成為了個環節的核心。首先是以利沙的僕人看見亞蘭軍隊圍困多坍城。第二個環節是以利沙禱告求上帝開僕人的眼睛，使他看見滿山火車火馬圍繞以利沙。第三個環節是以利沙禱告使亞蘭軍隊眼目受矇蔽，跟隨他到撒馬利亞城中。當以利沙禱告求上帝開亞蘭軍的眼目的時候，他們看見自己在撒馬利亞城中被包圍。以利沙看見上帝的力量，在他身邊的僕人憑肉眼無法看見屬靈層面的事，亞蘭軍隊亦只能看見自己一方大軍齊集，沒有想到在他們以上，有耶和華上帝為以色列爭戰。

這個敘事清楚表達一個信息就是按人的角度了解事情，只能獲得部分的事實，無法從更全面的角度了解事情。只有從上帝的角度看事情，才能夠看得更遠，看得更深入。這個敘事還有一種諷刺的味道，就是人用肉眼看見的事情，可以是錯誤的，例如：亞蘭軍隊眼目昏迷，跟隨以利沙的帶領，而毫不自覺走錯路。從文學結構來說，這段經文給予我們一個提醒，就是要看見上帝的天使天軍圍繞著我們。

其實，我們與以利沙的僕人沒有多大分別，我們亦很容易用人的角度分析問題，衡量各樣因素，甚少張開屬靈的眼睛看事情。我們有時甚至像亞蘭軍隊，看是看到，卻是眼目昏花。我們在面對困難的時候，好像在理念與行動之間出現矛盾。在理念上我們相信上帝全能，上帝管理全宇宙，上帝是我們生命的主。可是當我們面對困難的時候，我們就會採用人的方法解決問題。結果，我們在心態上將上帝排拒於現實生活中卻自己作主。

你或者會說，我已經祈禱交託給上帝，為甚麼我仍看不見上帝的權能呢？其中一個非常重要的原因，是我們是否跟隨上帝的旨意行動。以利沙跟隨上帝的旨意，將從上帝領受的信息轉告以色列王，好讓以色列軍隊有所防備。以利沙清楚知道自己為上帝工作，履行上帝對他的要求和託付，所以，他肯定上帝會保守到底。對我們來說，我們應該反問自己，我在這裏做甚麼？如果我們首先自行決定，然後要求上帝認可，保守我們不遇困難，這就是我們的一廂情願，並不必然是上帝的帶領，讓上帝作我們生命的主的時候，我們跟隨上帝、作上帝的工，我們遇見困難，上帝都會一一替我們克服。所以，關鍵就是上帝為自己的名爭戰，上帝為祂的事工賜下恩典，上帝會親自成就一切，而不是我們為上帝成就甚麼。如果我們跟隨上帝的工作方向，完全依靠上帝，我們會好像以利沙一樣，張開屬靈眼睛，清楚看見在屬靈的層面，上帝的天使天軍聚集為上帝爭戰，為上帝的事工預備一切所需的。

仁慈能化解敵意

不過，列王紀下六章21至23節記載以色列王問以利沙可否擊殺亞蘭軍隊，以利沙竟然說，在他們面前設擺飲食，使他們吃喝，回到他們主人那裏。以色列王照以利沙的說話款待亞蘭軍隊，從此亞蘭軍不再犯以色列。這部分的記載教導我們要看見上帝的心意，要以仁慈對待敵人。以色列王善待亞蘭軍隊，他們有一段時間沒有侵犯以色列。

在我們的人生路程裏面，總會遇到攻擊我們的人。甚至乎，在事奉和教會裏，我們也難免會有爭執與不和，有的時候是大家理念不同，有的時候是過於焦急，作為基督徒和事奉的羣體，我們豈不是更應以仁慈化解敵意嗎？我們基督徒要學習以愛心對待惡人，有些人好像亞蘭軍隊般來勢凶凶，打算好好對付你。不過，上帝可以將困境改變，只要我們存無虧的良心，就可以了。反過來，要對付你的人落在你手中，你又會怎樣做呢？我們是否趁著難得機會凌辱敵人，殘忍地對待敵人呢？還是應該像以利沙一樣，以仁慈化解敵意？以利沙看見一幅化敵為友的圖畫，所以他沒有擊殺亞蘭軍隊。

上帝對先知以利亞發出挑戰，你在這裏做甚麼，以利亞先知放下灰心的情緒，起步向前奔跑。上帝對以利沙說，你看見甚麼，以利沙看見上帝的同在，就幫助他的僕人看見上帝的同在，我們有沒有看見當我們身處困境的時候，上帝仍然時刻同在，保守我們呢？如果我們看見上帝的同在，我們會更加善待那些苦待我們的人。上帝要求我們內心純潔以善勝惡，上帝是一位公正的神。祂會施行案判，按公義對待人。上帝教導我們要以仁慈化解敵意，然後我們可以有更多精力專心為上帝工作，為上帝服事。

反思問題

1. 你是以利沙，還是以利沙的僕人？
2. 如何才能張開屬靈的眼睛？
3. 你有沒有碰過愛跟你作對、唱反調、攻擊你或是合作不來的人？你能否以仁慈去化解敵意？
4. 哪些性格或行為是你所不能接受，以致你會特別生氣，不與那些人合作的？

第二部　事奉的原則

10 僕人的事奉

路十七 7~10

主耶穌曾經講了一個比喻，說一個主人差遣僕人去耕地、放羊，當僕人回來，他仍要為主人預備膳食，待主人用膳完畢，才會進食。僕人只會按照主人的吩咐行事，主人不會向他道謝。作為主的僕人，我們亦要學習一個道理，就是完成任務以後，心裏總要緊記自己只不過是無用的僕人，所作的是我們理所當然的本分。

很多基督徒都有事奉主的心，不過，有事奉的心志，並不表示可以有效地事奉。最主要的困難是我們的自我中心太強。或者你會認為自己並不是一個自我的人，不過當我們隨意地錄下自己所說的話，很容易便發覺當中有很多個「我」字。其實每一個人都十分自我，當我們信主後，自我亦十分活躍。在聖靈的更新底下，舊我開始被更新改造，不過我仍然是那一個我，我性格上的弱點、我心靈上的惡念仍然會留存下去，我常常要面對自己的真面目，我要努力靠主克勝自我的軟弱。當我們經歷上帝的恩典，希望在教會中事奉上帝的時候，我們很容易以為自己靈命健康成長，有時卻忽略自己的舊我仍然存留，被改造了的我仍然受著引誘。

不期望掌聲

主耶穌的比喻中提及主人不會答謝僕人的服事，因此，我們事奉上帝，並不是要受人注意、受人讚賞、受人擁戴。一個事奉得力的人，必須要看輕自己的知名度、受歡迎程度。藝人十分介意觀眾的反應，歌手關心歌曲的銷售量。演藝界的人對於排名先後十分敏感，對於盛大宴會十分重視。作為事奉的人，我們如果心裏被這些東西充滿，就會變得十分自我，用人的方法、人的能力去事奉上帝。當我們放下自己，按照上帝的心意事奉的時候，我們會發現上帝奇妙的工作。

主耶穌基督示範了一個屬靈的原則，就是在羣眾擁戴的時候，獨自安靜回到天父面前，從新領受能力及新的方向。作為上帝的僕人，絕對不應抬舉自己、標榜自己，甚至要切法防止別人標榜自己。我們要時刻緊記我們只是從上帝那裏領受恩賜，祂是賜恩的主，我們只是僕人。

人需要被鼓勵、被欣賞、被肯定，不過人更需要忠實的勸勉、善意的批評。我對於娛樂文化入侵教會十分擔心。教會圈子裏亦有追捧明星的現象。例如某些口齒伶俐、能掌握時代脈膊，了解受眾心理的人，會成為流行講員。不過，當我們細心分析這些名講員的演說內容，往往給人一種「一曲走天涯」的印象。有些名講員成立專門公司或服務機構，服務有需要的人。我相信他們總會幫助一些人，不過我要提出，這些機構與教會本身有沒有盡責任教導會眾，培養獨立判斷能力？還是毫不考慮地採納市場推廣方法來營運屬靈企業，追求表面短暫的熱鬧？作為事奉上帝的人，我們其中一種試探就是掌聲、歡呼聲。我們如果沉醉在這些虛幻的東西裏面，我們只會變得膚淺，虛有其表。

另一方面，我們亦要提醒教會機構不要單單以觀眾的胃口作考慮，我們不是被會眾牽著鼻子走路。我們應該有信息教導會眾，不然我們只不過是無道可傳的傳道者。今日華人教會需要的並非「教會名嘴」、「教會明星」，而是有僕人心志的工人。一個藝人歸主的見證，不會比一個清潔工人歸主來得重要；一個只有學士學位的傳道人不會比一個有博士學位的傳道人地位低微。我們在屬靈的道路上一起奔走，只是各人所得的恩賜和責任不同，但是我們在上帝的面前都是平等的。同樣，一個不受注意的弟兄姊妹，他每天忠心地為教會代禱，與那些常常在眾人面前作帶領的兄姊，一樣重要。有些時候，那些不期望掌聲的兄姊，在上帝面前成為一個真正的屬靈人，比那些作很多屬靈事的同道，更加親近上帝。

將成果看作理所當然的本分

主耶穌在比喻裏面提醒我們只不過是無用的僕人，我們所作的是我們理所當然的本分，沒有甚麼值得誇耀。在心理學的理論上，我們會十分重視自我肯定、自我實現，人要對自己有信心，要主動表達自己……這都十分合理，我們不應退縮懦怯，畏首畏尾；不過中國人有句至理名言「知所先後，則近道矣」。我們行事必須有優先次序，緩急輕重，所謂「物有本末，事有終始」，我們需要有智慧，有信心的處理。

不過，我們不是依靠人的能力，人的智慧，而卻是常常謙卑在上帝面前，尋求祂的指引，按照祂的感動行事。很多時候，我們靠主完成超過我們所想所求的事，因此，我們所需要的信心，不單是自信心，而是從上帝而來的信心，亦是因為我們對上帝的信靠所產生的信心。既然信心是上帝的賞賜，能力又是上帝的賞賜，我們能夠完成任務，就不要驕傲，彷彿自己與眾不同。其實，我們所知的都是從別處學回來的。同樣，我們為上帝的緣故所付出的，亦是理所當然的，是我們的本分，根本沒有甚麼值得誇耀的地方。我們只是上帝的管家，受上帝的任命託管恩賜。

主耶穌的比喻提醒我們，在事奉上必須按照僕人的事奉這方程式事奉，才能獲得事奉上的成功。我在有限的體驗裏面，發現當我們以僕人心態事奉上帝的時候，我們會經歷上帝的大能。回想回港後這幾年，我獲得很多寫作機會，很多外面的機構邀請我寫稿、發表學術論文等。起初我都來者不拒，盡力協助。後來，我開始覺得到達一個重要時刻，需要從新定位。因此，我推卻了一些邀請，希望專心於論文上或書籍的寫作。我覺得需要更好的退修，更認真地讀經，才能有新的突破。我沒有甚麼宏願，要在離世前完成多少部著作，我會盡力而為，成敗得失不在我掌握；我只是眾多僕人中的一個，在我以後或許有更多更有恩賜能力的僕人。

我今天成為別人的橋樑，正如以往的前輩成為我的橋樑。有位前輩分享在八十年代香港神學教育漸漸學術化，但香港華人教會仍然有反智、反學術的思想，他們那一代人吃了不少苦頭。我大膽請教他對晚輩有何忠告。他說要好好栽培下一代的神學生，或許當中有未來中國教會偉大的領袖和神學家。

對很多弟兄姊妹來說，自己教會的需要已經多的是，哪會想到香港教會、中國教會、普世教會呢？不過，奇怪的是那些重視普世宣教、重視神學生培訓的教會，正是蒙上帝大大祝福增長的教會。弟兄姊妹，你有沒有將顧慮交託上帝呢？你所完成的只不過是理所當然的本分，上帝是主人，你是僕人。你選擇的是成為忠心的僕人，還是不忠心的僕人？

反思問題

1. 你是否竭力在聖經及神學方面下功夫，使自己成為有道可傳的神僕呢？

2. 你是否陶醉在羣眾的喝采和歡呼聲中，飄飄然地將自己看作「教會明星」呢？

3. 僕人的事奉可行嗎？有何利弊？

11 聖潔生命的事奉

羅十二 1~2；提後二 20~21

羅馬書十二章1節教訓我們：「所以弟兄們，我以上帝的慈悲勸你們，將身體獻上，當作活祭，是聖潔的，是上帝所喜悅的；你們如此事奉乃是理所當然的。」事奉是以上帝為中心，是呈獻給上帝的祭品，是按上帝的標準量度的。

上帝在耶穌基督身上用一種表面上十分失敗的方法顯示上帝的榮耀。十字架是一種刑罰，是一種十分殘酷的刑罰，被釘十字架的人不會即時死亡，而是忍受一段頗長時間的痛苦後才死亡。與此同時，被釘十字架的人要背負自己的十字架，在大街小巷示眾，是一種羞辱的記號。我們的上帝在主耶穌基督的身上，用了一種平凡而好像無能的方法，表明上帝的大能。

如果從市場推廣的角度來說，上帝是毫無商業眼光的，上帝沒有讓主耶穌基督在皇宮出生，沒有彪炳的戰績，沒有偉大的成就，只是一個平凡木匠的兒子。上帝竟然用這個世人也看不起的普通人，成就人類的救恩。主耶穌在十字架上，沒有呼喚天使救駕，卻默默地死去，成就了救恩。上帝所重視的與這世界的標準是多麼的不同；所用的方法又是多麼的叫人驚訝。作為服事祂的僕人，怎樣的服事才能討上帝的喜悅呢？

事奉要討上帝的喜悅

羅馬書十二章2節教訓我們：「不要效法這個世界，只要心意更新而變化，叫你們察驗何為上帝的善良、純全、可喜悅的旨意。」事奉的目的是討上帝的喜悅，上帝最不喜悅我們將自己抬舉、標榜自己，更不喜悅我們有嫉妒的心。上帝喜悅我們彼此同心，一同為上帝的國度努力。上帝有最高的主權，上帝知道人的心思意念，上帝會鑒察和審判人的動機和手段。上帝最不喜悅的是教會分裂，不過在現實的情況中，弟兄姊妹之間亦難免有爭執。人與人之間性格的差異，價值觀的不同，很容易產生磨擦。求上帝幫助我們事奉上帝的人，學習愛上帝愛人，以上帝的國度上帝的家為重，放下自己的觀點。

其實，事奉的人是上帝的僕人，不過作為僕人，亦會有作僕人之首的心態。在世俗社會的風氣中，人會喜歡作行政人員、管理階層，可以指指點點。不過，在屬靈的事奉上，真正的領袖是甘心樂意服事他人的人。願意以上帝的愛愛人，學習主耶穌基督捨己的愛關心人。一個事奉上帝的人，必須珍惜生命的建立，看重透過人與人之間的接觸，鼓勵人對上帝有更大的追求和愛。

事奉是一種生命的事奉，是生命影響生命的服事。每當我聽聞弟兄姊妹在教會生活中受傷害，或者有牧者傳道同工在事奉中受創傷，我便會十分難受。但我知道，上帝比我們更傷痛、更難受。聖靈為我們擔憂，為我們禱告。所以，我時刻提醒自己：寧願自己吃虧，也不要分裂教會；寧願自己退讓，也不願意教會出現紛爭。

當然，受傷害是十分無奈的，我們只有祈禱求上帝親自安慰，同時我們仍然希望受傷的弟兄姊妹對上帝不會冷淡。有些弟兄姊妹在心靈受傷後，會追求某些激情的方法宣洩自己受壓的情緒，有些弟兄姊妹變得防範陌生人，亦對親密的弟兄姊妹關係失去信心，變得更加保護自己及冷漠待人。事奉是走十字架的道路，必然會遇到痛苦，十字架的代價就是受傷害、被厭棄。我們豈不是曾經拒絕這位主耶穌基督嗎？如果我們在事奉的路上有受創的經驗，我們應該向上帝祈禱，求主耶穌的愛充滿我們。一個經歷上帝的愛的人，可以從低谷中走出來，一個經歷上帝的愛的人，會更加明白其他人的感受。一個經歷上帝的愛的人，會以上帝對他的愛愛人。今日教會必需要這種愛，只有這種愛才能使人全然俯伏在上帝面前，完全奉獻自己。

我們每個人都不完美，我們都是罪人，不過上帝沒有嫌棄我們，你希望自己成為一個被動的旁觀者，還是一個主動的參與者。事奉人員必須主動表達自己的誠意，不必介意別人的反應，如果時候未到，我們可以學習等候。不過，我們只將事奉的心願埋藏心底，期待別人發現，可能就會無了期地等待。事奉的目的是討上帝喜悅，不是滿足自己的心理需要，我們必須清楚我們事奉是倚靠上帝的力量事奉，而不是用人的才能事奉。如果我們將注意力放在人的能力上，我們就很容易走錯路，高舉人的成就多於上帝，結果就會在人的層面無法產生屬靈的效力。相反，我們以有機會事奉都是出於上帝，能力亦是來自上帝的時候，我們會更加有平安。

以聖潔的內在生命承托事奉

提摩太後書二章20至21節教導我們：「在大戶人家，不但有金器銀器，也有木器瓦器；有作為貴重的，有作為卑賤的。人若自潔，脫離卑賤的事，就必作貴重的器皿，成為聖潔，合乎主用，預備行各樣的善事。」事奉的力量來自上帝，同時我們要有相對應的屬靈生命承托。如果我們內在生命污穢、混亂，我們就無法成為流通的管子，為上帝工作。

現代人生活繁忙，很少有機會安靜下來，整理性格及屬靈生命的問題。有時我們甚至逃避面對自己的問題。當我們逃避自己的問題的時候，我們只是將問題累積，將難題加深。我們活在一個充滿罪惡的世界，我們的內心被罪污染，我們在意志上十分薄弱，經常會陷入試探。當我們要事奉的時候，內在生命要被煉淨。我們信主的一刻，被上帝稱為義，但是生命的改變不是一刻就完成。我們揭開自己內心的世界，發現很多污穢的地方。我們有時無法面對自己。但是上帝的恩典浩大，只要我們信上帝，祂就會幫助我們從十字架的福音裏面獲得釋放，並且可以靠著聖靈的力量克制自己。

我們仍然活在世上，就會被情慾試探，人的野心、人的罪性仍然活躍。我們亦不是時刻得勝，我們亦會有軟弱、跌倒。但是，我們在痛定思痛之後，是否下定決心，依靠上帝改變自己呢？聖經的說話教訓我們要追求聖潔，成為上帝貴重的器皿。我們不是要自大，而是要在上帝裏面作大丈夫。我們是平凡人，不過在上帝裏面不能成為一個苟且的人。

作為男性，我們在大眾傳播媒介裏面，很容易被充滿色情成份的照片或者鏡頭吸引，如果我們缺乏紀律生活，沒有積極進取的目標，沒有時刻祈禱，我們很容易跌倒，特別晚上家中成員入睡，就會沉迷電視電影節目。如果我們沒有一個良好的屬靈生活，就會在心思上被奪去。因此，弟兄們實在需要有健康的生活，不致沉迷於色情圖片。如果我們有事奉上帝的心志，卻在情慾方面有軟弱，我們要與有追求屬靈生命的成長心志的弟兄一起禱告，彼此守望和勉勵。

我個人喜歡運動，並且覺得當人投入運動的時候，可以使人情緒變得穩定。我知道自己情緒起伏的時候，需要運動減壓，在運動場處理自己內心的情緒，然後帶著平安的心情與家人相處，彼此用心溝通。同時，我亦會珍惜與太太的溝通機會，彼此一起祈禱，分享內心感受。一個事奉上帝的人，需要有聖潔的生活承托，所以我們要有良好的家庭生活，有穩定的屬靈操練，同時要有一羣同伴。

感謝上帝，我在神學院裏面不單有同工，而且有弟兄。事奉上帝的人需要弟兄姊妹的守望。我經常與一兩位弟兄一起禱告，互相守望。一個追求聖潔的人，不單要小心投資感情，亦應該知道如何投放精力。如果我們將分散的心思和精力收回，用在上帝要我們做的事上面，我們可以更有效事奉上帝。同時，聖潔的生命是事奉的根本，沒有內在生命的素質，一切都是表面化的影像。

聖潔並不表示與世隔絕，相反是在世俗中不失去自己的立場，好像蓮花出污泥而不染。我們不能活在另一個世界，亦不能完全擺脫世上的試探。不過，上帝應許我們，只要我們向祂坦誠認罪，願意重新立志，上帝會給予我們聖靈的力量，成為貴重的器皿。如果我們認為自己已能做到，我們可以找一些屬靈的同伴，一起守望，互相代禱，一起經歷上帝改變我們生命的真實。

反思問題

1. 怎樣才是討上帝喜悅的事奉？上帝怎樣衡量人的事奉？
2. 你願意為討上帝喜悅而吃虧受損嗎？
3. 你怎樣保護自己有聖潔的生活？
4. 如果沒有聖潔生命來承托，事奉會變成怎樣呢？

12 在基督裏的事奉

腓二 1~11

腓立比書二章1至11節，首先吸引著我注意的地方是「在基督裏」。在文法上，「在基督裏」是以「間接受格」(dative)出現，而勸勉、安慰、交通（原文團契）、慈悲憐憫等名詞是主詞（即 norminative）。在這些名詞之間用逗號分開，出現在第一小節的「在基督裏」，亦可解釋為適用於後面的小節，至於在後面小節中不再出現，只是為了簡化而已。若然如此了解、勸勉、出於愛心的安慰（因為原文的愛心是「屬格」〔genitive〕），在靈裏的團契（因靈的原文亦是屬格）、慈悲和憐憫（原文沒有心中的字），這一切都是因為我們與基督聯合，產生的屬靈反應。原來這些屬靈的反應、屬靈的質素並非天生所有，而是因為我們信主後，與主的生命聯合，產生出來的一種生命素質。

在研讀保羅神學的時候，我特別注意到「在基督裏」的觀念。羅馬書六章4節指出：「所以，我們藉著洗禮歸入死，和他一同埋葬， 原是叫我們一舉一動有新生的樣式，像基督藉著父的榮耀從死裏復活一樣。」在這節經文「歸入基督的死」是以「直接受格」(accusative)出現，與「在基督裏」的「間接受格」不同，可是5節指出「我們若在他死的形狀上與他聯合，也要在他復活的形狀上與他聯合」。這段經文指出信徒與基督有著緊密的生命聯繫，我們受洗就是進入基督的生命，反過來說基督亦進入我們的生命。當我們的生命與基督聯合的時候，我們過去的舊人就與基督一同被釘在十字架上，一同埋葬，使我們的罪得到赦免。然後我們成為一個新造的人，將來盼望身體的復活。

在基督裏同心事奉

當我們再讀下去，腓立比書二章2至4節的時候，更加叫我們震撼，保羅勉勵我們的事奉要同心。這個實在是非常困難的功課，究竟甚麼是同心呢？是不是其他人要按照我的心思去思考呢？還是我要按照別人的心思作思考呢？如果在教會裏面出現眾多不同的思考方式、思想結果，我們又怎樣學習同心事奉的功課呢？從理論的層面來說，如果我們每一個信徒都積極尋求上帝的心意，按上帝的心意行事，那樣就不會出現不同的心思，大家很自然會同感一靈。可是實際的情形往往卻不一定如此。我有時亦會反問自己，是否對上帝的心意有正確的領受，因為我恐怕成為別人的阻礙，更不願意看見教會受虧損。保羅勉勵我們凡事不可結黨。中國人有句名言「君子之交淡如水」，各人保持適當的關係，免致私相授受，出現「賣人情」的毛病。結交朋友是十分正常的，但組織小圈子卻會引致很多複雜的後遺症。

「在基督裏」的意思是我白白領受上帝的救恩，我本來就一無是處，是一個罪人，如今上帝拯救我，白白的拯救我，使我成為一個自由人，這就是我生命價值的所在。「在基督裏」的生命驅使我們謙卑服事，同時看別人比自己強。事實上，看別人不比自己差的功課已經不容易，我們首先要減少挑剔的態度，才能夠發現別人也有好處。如果要看出別人的長處，我們需要極大的心靈容量。在基督裏的事奉，如果缺少了這份對別人的欣賞及肯定，恐怕這個人仍然十分自我中心，難以與那些性格不同的弟兄姊妹一起同心合意事奉上帝。

在基督裏謙卑的事奉

5節承接3至4節的意思，然後提出你們要如此如此。「你們要」（phroneo）這個動詞在2及5節出現，前後緊緊相連，並且在5節再次出現「在基督耶穌裏」的字眼。重申既然你們已經活在基督裏面，就應該有同一心志，不驕傲自大、而要關心別人。如果我們將1至4節分作一小段，5至11節為另一小段；那麼，兩部分都是以「在基督裏」作為基礎，提醒信徒的事奉態度。

然後保羅引用主耶穌基督作例子，勉勵我們學習主耶穌基督的心腸。6節指出主耶穌有「上帝的形體」(morphae)，卻沒有自視與上帝等同。反而倒空自己取了奴隸的形體，成為與人相似的樣子(homoioma)。由於主耶穌基督有與人一樣的形狀(skhaema)，就降低自己的身分，接受死亡的限制，並且死在十字架上。保羅在5至8節用了幾個不同的名詞形容形體、形狀、形態等。他沒有準備詳細交代耶穌基督神的身分與人的身分如何協調，或究竟形體是指本性還是實體等問題。他主要指出主耶穌既有神的身分，卻由永恆進入現在，接受時間空間對祂的限制，並且甘心樂意為世人的罪死在十字架上。這種自我降卑的行動，見證著上帝獨生兒子那種犧牲捨命精神。

保羅對主耶穌的身分有與眾不同的體會。新約聖經其他地方甚少如此形容主耶穌放下神的形體，取了奴僕的形體。為甚麼保羅有如此獨特的領會呢？原因是他在大馬士革路上，由逼迫主耶穌的門徒，改變為主耶穌的跟隨者。保羅經歷主耶穌以榮耀威嚴一面向他顯現，以及恢復視力等神蹟。保羅經歷這位從天而來的耶穌基督，明白主耶穌本來有神的身分和能力，與父上帝同等，復活升天後回到父那裏去。

保羅從前逼迫的主耶穌，是卑微和失敗的人。保羅根本無法理解，這位他從前所反對的那位，怎麼竟然就是上帝滿有榮光與能力的獨生子。他對比那位被釘十字架的基督，與向他顯現的基督，他就領略耶穌基督是何等謙卑順服。對保羅來說，這位主耶穌的謙卑順服，成為他學習的榜樣。當他提醒腓立比教會的眾弟兄姊妹彼此同心，不可志氣高大的時候，正是想起主耶穌基督默默無聲，為世人犧牲的榜樣。因此，他勉勵我們在基督裏面，就應該如此。

謙卑並不等於懦弱，主耶穌基督走上十字架之路，並不是失敗的表現，而是以生命見證公義與真理。一個謙卑事奉主的人，內心並非冷漠退縮，而是倒空自己的自我，願意接受上帝的吩咐，在必要的時候，按公義宣講及行事。只有當我們甘心樂意放下自我的時候，我們才能夠與基督的生命緊緊相連，成為祂的僕人。反過來說，當我們在屬靈生命上追求與主有更深的聯合，我們就會更願意放下自我服事上帝。

在基督裏得勝的事奉

在羅馬書十二章3節記載：「我憑著所賜我的恩對你們各人說：不要看自己過於所當看的，要照著上帝所分給各人信心的大小，看得合乎中道。」保羅首先提醒我們各人的恩賜不同，職責不同。我們不必互相比較，亦不必輕視任何人，更不要將自我看得太重要。當我們自視過高的時候，就無法欣賞別人的恩賜、別人的貢獻與重要性。

保羅不單教導我們要目中有人，要按上帝的眼光看待主內肢體與同工，他更要求我們看別人比自己強。我認為得勝的事奉不一定是為上帝完成偉大的工作，而當我能夠好好對付自己，在內心獲得釋放，充滿感恩地事奉上帝的時候，我亦可以算得上經歷得勝的事奉。

在這個世俗功利的社會中，我們努力為自己奮鬥，出人頭地；但是個人的成功對社會、國家、世界，甚至全人類有甚麼意義呢？難道個人的成功就是我們人生惟一的目標嗎？保羅勉勵腓立比教會要同心合意，不可貪圖虛浮的榮耀，要互相建立，彼此欣賞，爭取整體的成功。保羅以主耶穌基督受死復活升天的事蹟為例子，表明主耶穌謙卑順服，死在十字架，上帝就將祂升為至高，又賜祂那超乎萬名之名，使一切在天上的、地上的和地底下的，無不屈膝稱頌主耶穌基督的名。主耶穌基督是得勝的君王，祂的權能成為跟隨祂的人的記號。

究竟我們怎樣可以在基督裏面分享主耶穌那種得勝的事奉呢？我相信首先要從內心的屬靈操練入手。我們要克服人性的軟弱，學習甘心樂意的順服上帝的帶領。跟隨主要付出代價，就是放棄向上爬的個人理想，轉而橫向的為上帝的國度努力，擴展上帝的國度。

另一方面，我們可以將得勝的事奉看作集體的事情。在推展上帝國度的發展方面，個人的因素雖然是重要，卻不一定必要。個人是集體的一分子。集體比個人更加重要，因此，我們不必過分在意別的人推舉，也不必抬舉別人，而應該恰如其分地肯定每個人的重要和貢獻。

今日在我們面前有很多機會，將上帝的工作推前一步，無論我們站在甚麼崗位，負起甚麼責任，我們都可以用一種新的態度、新的價值取向去事奉。當我們願意放下自我的時候，我們會經歷一種更大的動力，就是來自羣體的動力，這種動力不是壓迫力，而是推動力，使我們在一種積極進取的氣氛底下，發揮上帝給我們的恩賜。有些人事奉一段日子後，就失去動力，首先我們要放下自我，學習在基督裏與其他弟兄姊妹一起為上帝擴展天國的地界；然後我們才會經歷保羅所曾經體會的得勝事奉。

反思問題

1. 耶穌基督給你的事奉立下甚麼模範與準則？
2. 在事奉的隊工，你感到合一與同心嗎？你認為可以如何改善事奉團隊的合一精神？
3. 「在基督裏」事奉，意思是在生命上與基督聯合，為基督而事奉。你是否願意將心獻上，學習與其他人同心事奉呢？
4. 主耶穌基督謙卑事奉上帝，你是否願意學習基督這種精神嗎？
5. 主耶穌基督謙卑事奉並非弱者行為；相反是得勝的事奉。你是否經歷上帝得勝的能力呢？

13 事奉的基本原則

羅十二 1~8

「將身體獻上，當作活祭，是聖潔的，是上帝所喜悅的；你們如此事奉，乃是理所當然的。」羅馬書十二章1節這節經文提醒我們，事奉上帝是理所當然的。

究竟我們有沒有覺得事奉上帝是理所當然的呢？其實一間教會崇拜出席人數多、活動多，一方面值得感恩，另一方面我們亦要關注，究竟參與事奉的人數比例有多少？願意接受訓練投入事奉的人數有多少？其實一間教會是否健康發展，不單是看人數，同時要看人對屬靈事物追求的熱誠，究竟大家有沒有靈修、祈禱、讀經，有沒有積極參加主日學，有沒有與人分享福音的心，有沒有帶領人查考聖經的心。

如果我們再看這節經文，便發覺我們不單要積極事奉，而且要以聖潔的態度事奉，將自己獻上，成為活祭。這樣才是上帝所喜悅的事奉。因此，當我們由沒有事奉進步到有事奉的時候，也不能太早沾沾自喜，我們要檢查一下，究竟我們是否將自己獻上呢？有時很多弟兄姊妹以為踏上全時間奉獻的道路才是將自己獻上。當然，放下世上的追求，事奉上帝是值得敬佩的，不過將自己獻上，可以是在我現在所參與的事奉中，學習適當地減少自己的意願。由「我要事奉上帝」轉變成「如果上帝願意，我一定全心全意去做」。事奉必須以上帝為中心，亦要清心。

合上帝心意的事奉

2節繼而教導我們：「不要效法這個世界，只要心意更新而變化，叫你們察驗何為上帝的善良、純全、可喜悅的旨意。」我們必須經常反省究竟我是否抱著人性的軟弱、世俗的價值觀去事奉上帝呢？中國人是一個講面子的民族，中國人的文化是一種所謂「俾面」文化，我們讚美別人也不能單單讚一個人，因為我們擔心得失其他人。所以，我們的特色是隨時隨地派高帽，在這種文化底下，當別人對我們的事奉讚少兩句，我們也會感到不舒服，如果別人在我們面前大讚某位弟兄姊妹，可能我們心裏面會感到不安。沒錯，我們需要鼓勵弟兄姊妹，使大家再接再厲，不過，過分的誇讚未必是一件好事。再加上沒有適當的提醒，就變得危險。因此，如果我們要在事奉上進步，我們必須有勇氣，聆聽弟兄姊妹對我們的提醒、批評。有些時候，我們未必有胸襟接受別人的指正。其實真正支持我們的人，就是有勇氣告訴我們在思想考慮時所疏忽的，在行事時所未盡完善之處的人。當然我們的配偶是我們的鏡子，不過有時弟兄姊妹亦會為著我們的好處提醒我們。

很多時候，我們會將我的意見與我的價值連在一起，當我的意見被質疑的時候，就會覺得別人針對自己，否定我的價值。多少時候，我們在理智上明白「針對事並非針對人」的道理，但是我們在面子的一關上卻過不了。我曾在一個教會的聖經問答比賽中答錯了一條十分簡單的問題，當時不覺甚麼，事後想想就覺得很醜、很失禮。當我心裏不是味兒的時候，我反思這情況源自甚麼原因，是因為我是一個老師，因為我是一個成人，所以我便接受不了？我學習一個教訓，就是當弟兄姊妹告訴我「你錯了」的時候，他並不是否定我的價值，並不是否定我的訓練，更談不上不尊重。反過來說，如果我因為別人提出不同意見，以致我對弟兄姊妹有偏見，才會令上帝傷心。

合乎中道的事奉

3節提醒我們：「不要看自己過於所當看的，要照著上帝所分給各人信心的大小，看得合乎中道。」這節經文十分精彩。我們事奉上帝要有不亢不卑的精神。我們不應自高自大，亦不應該自卑。我們對上帝的愛，到達甚麼地步，就按甚麼地步去行；我們對屬靈的事把握多少，就按那個地步去事奉上帝。無論在甚麼情況底下，我們首先要學習在上帝面前謙卑，謙卑並非等於自卑，自我形像低落，謙卑是尊重上帝的主權，順服上帝的旨意。究竟上帝對你的感動是甚麼呢？上帝讓你看見甚麼遠象呢？

在舊約時代，上帝使用不同的先知，都給他們獨特的信息。上帝使用你與我，都是各有獨特性。你的長處，別人不可以取代；別人的長處，你不一定擁有。非基督徒常常講「平常心」，我們基督徒則講「以基督的心為心」，我們不與別人比較，亦不將不同的事奉崗位區分價值的高與低。每一個事奉人員，每一個事奉崗位，我們都看為重要的。在世俗社會，我們往往向上望，認為行政決策階層最重要，只要最高權力機關穩定，其他同事就按決策執行，一切事情都會順利。這種「金字塔式」權力運作及管理概念其實不能完全用在教會裏面。

首先，我們不能將行政決策及執行部門完全分割。教會不是一間公司，教會的政策方向不能完全由上而下，聖經教導我們上帝的靈感動全教會來行動。教會所領受的屬靈方向，一方面確實是由上而下，教牧同工在上帝面前懇切地尋求方向，同時眾弟兄姊妹亦會同感一靈，我們每週都念《使徒信經》：「……我信聖靈，我信聖而公的教會，我信聖徒相通……」。既然我們相信聖徒相通，當然要切實地相信聖靈向弟兄姊妹說話。我們為教會探索前路，一方面自己在祈禱讀經中尋求上帝的心意，另一方面，我們要辨別上帝在眾弟兄姊妹中的感動。當我們開放自己，讓上帝幫助我們看見整幅圖畫的時候，我們才不致局限自己的思想裏面，忽略了從其他角度思考。看得合乎中道，不單是不亢不卑地事奉，同時，是要將由上而下與由下而上的尋求上帝心意的方法結合，使我們看見眾弟兄姊妹所看見的。如果我們這樣做，上帝亦會讓弟兄姊妹看見我們所看見的，如此，我們的事奉就合乎中道。

合一的事奉

4至5節教導我們：「正如我們一個身子上有好些肢體，肢體也不都是一樣的用處。我們這許多人，在基督裏成為一身，互相聯絡作肢體，也是如此。」合一的事奉就是要學習接納別人與我有不同的思考重點、不同的處事方法，卻與我有同一的心志。

合一並不等於齊一、統一。從宏觀的角度來說，教會合一不單是活動上的合作，例如同區教會合辦佈道會、培靈會、祈禱會，這並不等於教會合一，而只是合作。合一亦不等於對某一件社會事件有同一立場，例如反對反歧視法案對同性戀的解釋、反對賭波合法化，或者反對設立紅燈區等。這些聯合行動是就個別事件而組合，事件過後，大家又各自為政。合一必須是基於信仰、對福音的了解、對教會本質及使命的了解、對文化使命的了解等。因此，在宏觀層面看教會合一，必須要處理教義上的課題，譬如洗禮、聖餐、牧職的解釋。在個別堂會層面講教會合一，雖然在教義課題上較少，不過大家千萬不要輕視教會眾弟兄姊妹的屬靈領受。其實我們不單要注意眾弟兄姊妹對教會的不同期望，它的理據與及情感因素等。我們更要注意不同年紀、不同經歷的人的處事文化。有些時候，不同意見並非甚麼大事，有時出現負面情緒反應的原因，是處事方法所引起。每個人的處事方法並非一朝一夕養成，因此，我們更加需要學習站在別人的處境思考不同意見的邏輯，不同處事文化的表達手法。然後以同情的理解（sympathic understanding）去為對方找出一個最好的解釋，而不是找出最差的解釋。如果我們盡力實踐，相信在合一的事奉方面必然有進步。

按恩賜事奉

6節提醒我們按恩賜事奉上帝。各人的恩賜不同，恩賜各有重要。有些人擅長「辦活動」，創意十足；有些人擅長組織統籌；有些人細眉細眼，聯絡關懷工夫十足；有些人對聖經比較熟識。如果大家懂得自動「埋位」，就效率一定好。不過，任何一個部門的隊工，都需要時間建立合作的默契。我們需要有「自知之明」，亦需要有「知人之明」，我們要有清楚的自我了解，明白自己的長短處，自己懂得在哪方面貢獻自己。

對很多初信主的弟兄姊妹來說，他們覺得自己對聖經不熟識，對屬靈的事一知半解，所以不清楚自己的恩賜。我十分欣賞弟兄姊妹這方面的謙虛，不過我亦會鼓勵弟兄姊妹主動尋找上帝賜給你的恩賜。有時上帝賜給你的恩賜，是完全出乎你的想像的。信主時間長的兄姊，我們需要關心其他初信的弟妹，鼓勵他們發掘屬靈恩賜，讓他們有機會培養上帝給他們的恩賜。曾經有同道提出，當我們事奉上帝的時候，恩賜是愈用愈有；相反，當我們停止或減少該項事奉之後，恩賜亦會減少。我同意這種講法。將上帝賜給我們的恩賜運用出來，你將會經歷上帝賜更多更大的恩賜給你。

專一事奉

7節教導我們專一事奉。專一是成功的要訣。中國名言「只要有恆心，鐵杵可以磨成針」，做人不能半途而廢，並且要專一，持之以恆。我們要專一事奉，要弄清楚甚麼是我們的優先次序，所謂「知所先後，則近道矣」。我們可以不停勞碌，但卻是漫無目、方向混亂。「知止而後有定」，我們要有明確的目標。上帝會一路幫助那些願意事奉祂的人，為他們開路，亦為他們關門。有時上帝會關上別的門，以致我們專一在上帝的旨意上事奉祂，因為我們缺乏屬靈的辨別能力，因此上帝就為我們的好處，無需我們煩惱，或是愚昧地作出錯誤決定。

因此，我們要好好運用我們的時間事奉上帝，專心一志地運用自己的恩賜，造就教會。很多時候，恩賜上的發展需要時間去磨煉。三數年時間不算長，所以委身並非浪漫式的屬靈術語；相反是在實戰環境受磨煉。如果我們怕困難，半途而廢，就難以看見恩賜上的成長。我認識一些亦從事牧養和神學教育工作的同道，他們每天四時起床工作、備課與閱讀，然後應付每天的教學工作，同時處理學生事務、行政事務。一個事奉上帝的人必須有紀律的生活，同時要專心、有耐性按部就班完成任務。很多時候，聰明的人容易缺少恆心耐力，由於聰明，所以常常找到發展機會，如果衡量得失，他們往往寧願選擇眼前能夠有把握，容易見效的去做；至於較長線，需要更多努力的，就會放棄。事奉上帝同樣要有破釜沉舟的心志，不要立下志向以後，懼怕困難，而退而求其次，如果太容易放棄，我們未必會經歷上帝的力量。

甘心事奉

8節提醒我們要甘心事奉。我們必須學習不要與人作比較。在教會事奉，我們也要學習甘心事奉。甘心事奉並不是一種口頭上的屬靈術語，而是一種操練。事奉與事業不同，我們努力事奉，並非創業興家，我們是為上帝建立祂的國度。我們應該努力，不過是以最好的獻給主，以榮耀上帝的原則行事。

甘心事奉並非要人忍氣吞聲，而是要人學習批評別人的時候，同時切身處地去感受你所批評的那位弟兄姊妹的心境，他的掙扎、矛盾，他對主的忠誠、他的優點。如果你覺得在事奉上被攻擊，你可以放心在那些敏感的事情上放開一點，所謂「車不立險地」，你有被攻擊的感覺，可以是十分主觀，未必是事實，或者是有些微潛在危險，卻並非想像般嚴重，又或者原來是一場美麗的誤會。無論如何，我們都要甘心事奉上帝，祂是掌管萬有的，上帝對每一個人都公平，對你公平，對你所不喜歡的弟兄姊妹也公平。

其實，我們心裏不應該有「我不喜歡的弟兄姊妹名單」。如果我們心中無敵人，無不喜歡的人，那麼你會更容易學習甘心事奉上帝的功課。我自己也是在反省自己的感受，特別是自然反應，第一個心理反應時，明白人性的軟弱。因此，我並不是說我已經免疫，只不過我比較意識自己的不是而已。話說回來，我們有機會成為上帝的兒女，完全都是上帝的恩典。我們有機會事奉上帝，已經是我們的福分。

反思問題

1. 有些人的事奉東奔西跑，同時支援和推動很多不同的事工，以致缺乏焦點。你的事奉是否十分忙碌卻沒有重點呢？
2. 按恩賜事奉能夠發揮及發展人的長處，你的事奉是否對準你從上帝領受的恩賜呢？
3. 你認為甚麼是「甘心」事奉呢？你能做得到嗎？

14 彼此同心

腓二～三章

腓立比書有一個重要的教訓，就是彼此同心。腓立比書多次出現「團契」（koinonia）這個詞，並且亦有與這個詞相關的不同時態的詞，此外亦有字根不同而意思相同的詞。在腓立比書一章5節記載「因為從頭一天直到如今，你們是同心合意的興旺福音。」其中「同心合意」的原文是koinonia，意思是團契、團結、同心。一章7節記載：「我為你們眾人有這樣的意念，原是應當的；因你們常在我心裏，無論我是在捆鎖之中，是辯明證實福音的時候，你們都與我一同得恩。」「一同得恩」的原文是在恩典上一同分享，意思是我們在上帝的恩典上彼此分享。一章27節記載：「只要你們行事為人與基督的福音相稱，叫我或來見你們，或不在你們那裏，可以聽見你們的景況，知道你們同有一個心志，站立得穩，為所信的福音齊心努力。」同有一個心志，為所信的福音齊心努力，原文並非團契這個字根，但是意思相同，可見保羅有一個心願：腓立比教會繼續同心合意興旺福音，大家有同一個心志，為所信的福音齊心努力。腓立比書一章以後，還有其他經文是講述這個概念的，我會容後交代。現在，讓我們先看彼此同心的第一部分：同心合意興旺福音。

同心合意興旺福音

保羅表示每逢想念腓立比教會的時候，就感謝上帝，因為由始至現在，他們都是同心合意興旺福音。保羅想念腓立比教會的眾弟兄姊妹。保羅將弟兄姊妹視為親愛的同工，保羅將弟兄姊妹的需要記掛在心裏。「我為你們眾人有這樣的意念，原是應當的；因你們常在我心裏。」（一 7）保羅心裏面並非只有事工，他亦同時常常記念弟兄姊妹的需要。保羅鼓勵弟兄姊妹同心，他將自己的心敞開，讓弟兄姊妹了解他。保羅是一個蒙上帝重用的僕人，不過他並不願意將自己變成眾人的偶像；他提醒自己無論是在捆鎖之中，是辯明證實福音的時候，我們都一同得恩。

保羅常常為弟兄姊妹祈禱，同時腓立比教會眾弟兄姊妹亦常常為保羅的事奉祈禱；以致保羅清楚知道他與眾弟兄姊妹一同得著上帝的恩典，一同事奉上帝。保羅學習在眾弟兄姊妹支持底下完成上帝的託付。他以此勉勵眾弟兄姊妹要同有一個心志，站立得穩，為所信的福音齊心努力。保羅能夠在傳福音工作上有美好的見證，其中一個重要原因是他心中只有一件事，就是盡最大努力去傳福音。保羅沒有其他更重要的事，只有一件事，就是珍惜每一個機會為主事奉。保羅勉勵弟兄姊妹同心合意，為一件事努力，就是興旺福音。

今日我們的屬靈生命的情況又如何呢？我們心裏有很多件重要的事，傳福音的事往往排在較次要的位置，甚至主日崇拜亦可能淪為次要的地位。有些信心未堅定的信徒，會抱著順便的心態，在下午節目前加插一段參與主日崇拜的活動。無形中，主日崇拜並非主角，相反是配角，是下午活動前的前奏。當人失去對上帝的誠敬的心，傳福音的熱誠亦會消退；隨之而來的就是因循、形式化的教會生活，這種情況與耶穌所批評的法利賽人沒有太大分別——只有宗教的外表，沒有敬虔的內容。我們不能在上帝面前自誇已經歸主多少年，曾經在教會事奉多久，作了些甚麼重要的事。法利賽人亦會為他們的敬虔而沾沾自喜，究竟我們心裏面是否只有一件事，主最清楚。

為福音一同作奴僕

保羅在腓立比書二章22節提出：「但你們知道提摩太的明證；他興旺福音，與我同勞，待我像兒子待父親一樣。」「與我同勞」的原文是指當提摩太與保羅一起的時候，提摩太為著福音的緣故作了奴隸。保羅為福音的緣故，作了傳福音的使者，提摩太亦甘心樂意與保羅作主的僕人。他們是彼此同心為主作僕人。保羅心裏只有一件事，就是為主工作；提摩太心裏只有一件事，就是為主的緣故與保羅同心服事主。彼此同心是需要首先每一個人都只有一個追求的目標，就是服事上帝，然後甘心樂意與其他同工一起為主作僕人。

二章1至2節記載：「所以，在基督裏若有甚麼勸勉，愛心有甚麼安慰，聖靈有甚麼交通，心中有甚麼慈悲憐憫，你們就要意念相同，有一樣的心思，有一樣的意念，使我的喜樂可以滿足。」「聖靈有甚麼的交通」的原文是在靈裏有甚麼團契（koinonia）。保羅的意思是如果大家在主裏面有甚麼鼓勵，出於愛心的勸勉，在靈裏面的團契，或者心中的慈悲憐憫，就會使他得著安慰。如果要令他常常被喜樂充滿，你們就要意念相同、愛心相同、心思相同。保羅希望腓立比教會用一種合乎上帝心意的態度去興旺福音，就是大家學習同心合意，一同為福音作奴僕。

有些時候，當我們樂意事奉上帝，亦奉獻金錢、能力服事上帝；不過我們仍然十分自我中心，我們希望別人注意欣賞，常常刻意表現自己，結果我們雖然可以完成服事的任務，卻沒有僕人的心態。這並不是奴僕的心。上帝要求我們只有祂是主，配得接受榮耀。如果我們的事奉變成表現自己的時候，上帝將會管教我們。保羅勉勵我們在服事的時候，不要結黨，分門別類。我們需要與有不同期望、不同重點的弟兄姊妹保持一種良好關係，彼此尊重，互相欣賞接納。我們有個人的領受，個人的著重點；但是這並非將人劃分界線、類別。當人只喜歡與思想接近的人交往的時候，我們會自動找到同聲同氣的人，走在一起，這是十分自然的。不過，服事上帝的人要十分小心，要樂意與不一樣的人交往接觸，嘗試從不同的角度思考，聆聽不同的意見。

「結黨」的原文是營私爭勝，意思是指好勝心、逞強。保羅提醒我們不要憑血氣之勇行事，不要為了追求虛榮感而事奉，總要存心謙卑，看別人比自己強。保羅本身有很多才能、恩賜，他卻要求自己看別人比自己強。保羅並非走向極端，否定自己有益有用之處。保羅提醒我們要懂得欣賞別人，並且多從別人身上學習。保羅教導我們必須有為主奮鬥的心志，不過卻要放下好勝逞強、自驕自滿的心態。在屬靈的規律中，驕傲是罪，是在上帝面前自大，取代上帝的位置。一個有恩賜的人，很容易有驕傲的心態，看不起人，甚至會有證明自己的心理。雖然上帝樂意使用我們一眾罪人，不過上帝卻要改造我們，使我們懂得謙卑、懂得目中有人的道理。一個事奉上帝的人，要首先放棄山頭主義、地盤主義，要時刻緊記自己只是僕人。我們並非為提高個人知名度而事奉，相反是為了上帝的名字被高舉、被尊崇而事奉。虛浮的榮耀使人跌倒，亦使人與人之間起紛爭。當人的自我活躍、膨脹到一個掩蓋上帝的地步，人就會被魔鬼利用，自以為服事上帝，卻成為破壞上帝工作的工具。因此，彼此同心需要有謙卑的心，欣賞別人、學習別人的優點，為別人感謝上帝。

與基督一同受苦

三章10記載：「使我認識基督，曉得他復活的大能，並且曉得和他一同受苦，效法他的死。」「一同受苦」是與基督的受苦一同有團契（koinonia）。與基督的生命有團契，自然會經歷基督的喜怒哀樂。我們事奉上帝，並非自討苦吃，我們並非傳達一個信息，沒有受苦經驗的基督徒，屬靈生命就不長進成熟。我們要清楚，當我們決志信主後，我們與上帝恢復交往，在禱告、讀經、崇拜中建立生命的聯繫，我們的人生獲得改變。我們從此有正確的人生目標，有永恆的價值，我們不再被短暫的物質生活蒙蔽。我們知道紙醉金迷的生活只是滿足慾望，而卻令人失去永恆的福分。

我們信主後，有很多感恩的經歷。我們很自然會想到上帝保守一切，我們不會再有眼淚，不會有痛苦；不過，人生並不是那麼簡單，基督徒是人，亦會面對痛苦，主耶穌沒有應許我們不遇痛苦，祂只答應我們有平安。不過，信主的人有永恆的盼望，因此，世間的變化不會令人感到絕望，苦難背後必定有明天。因此，我們不會懼怕痛苦，亦不會自討苦吃。但是當基督呼召我們承擔同心合意興旺福音的使命後，我們要有心理準備，為主的緣故吃苦。當我們向家人傳福音的時候，我們被取笑、被挑戰，我們不必失望灰心，我們要學習有更大的愛心，用更大的忍耐繼續禱告。當我們面對很多未信主的人對福音提出疑問，一時間未能回答，我們不必灰心；我們要學習積極接受訓練，為未信主的人代禱，用耐心繼續分享上帝的說話。當我們蒙召奉獻的時候，更加要學習與基督一同受苦。你不要期望教會一定支持你的神學進修，你要儲蓄金錢，然後抱著傾家蕩產的心志踏上奉獻之路。既然上帝的福音是珍寶，我們就只有一件事，就是要得著上好的福分。

我們要有吃苦的精神，願意為基督的緣故受苦。有些時候，我們以愛心幫助別人，以福音的精神教訓人，別人未必接受，甚至未信的人會冷言冷語，這會令我們灰心。不過，我們總沒有生命危險，亦沒有被拘捕，亦不會因為傳福音的緣故被同事排斥，或者被開除，我們所受的苦是十分輕度的。不過，現代人的弱點是不願付代價，不願吃苦。如果我們不願付出時間服事上帝，我們又怎能期望自己在上帝的工作上有更大參與？

今日很多弟兄姊妹工作忙碌，內心承受壓力；因此，大家渴望信仰帶來生命的能力。可是，我們怎可能期望參與主日崇拜，讓別人勞苦來滿足我的個人屬靈需要呢？詩班成員亦會承受工作壓力，其他兄姊亦承受壓力，他們在現實的壓力中付上代價，事奉上帝。究竟我是否仍然只顧滿足我個人的屬靈需要，而對上帝的工作視而不見呢？我發現香港教會的情況並不樂觀，會眾出席崇拜的態度有很多改善的空間。我發現弟兄姊妹要學習為信仰付上代價，而不是以一種消費主義的心態接受信仰。

成為基督徒必然要吃苦，別人可以在主日休息，有其他活動，我們必定要以敬拜上帝為首要目的。我們會比別人辛苦，不過我們在屬靈生命方面有所得著，是未信主的人所無法經歷的。可惜，今日很多基督徒抱著「到此一遊」的心態參加主日崇拜，結果「到與遲到，甚至無到」好像沒有分別。我們心裏面是否只有一件事，就是上帝國的事，我們有沒有彼此同心，為主受苦，一同興旺福音。主耶穌基督示範了僕人的形像，教導我們忠心。主有上帝的地位，卻甘願成為人，謙卑承擔人的罪債，以致於死，且死在十字架上，祂的受苦換來世人的得救。主耶穌為世人付上了代價，亦教導人要忠心天天背負自己的十字架，學習為主受苦，為福音齊心合力，將榮耀歸與上帝的道理。

反思問題

1. 事奉講求合作，如果大家心中有猜忌就缺乏默契。你是否能夠為別人的成功感恩呢？
2. 一個內心充滿矛盾的人難以與人溝通。在事奉上不懂得與人溝通令自己與事工受虧損。你願意學習突破自己與人溝通嗎？
3. 事奉上帝要付上代價，心靈承受不少壓力。你是否願意接受這種考驗嗎？你是否願意靠主得勝呢？

15 樹立信徒的榜樣

提前四 12~16

在預備講章的時候，我瀏覽學生福音事工機構的網頁，了解近年青少年事工的一點新資訊。我得到的印象是青少年工作不能單向地講聖經，同時要了解青少年的文化，在他們的經驗層面作起點，分享信仰。我看到用戲劇作為演繹聖經的方式，將一人一故事劇場（Playback Theatre）及思路追蹤（Thought-tracking）的技巧應用在閱讀約拿書的過程。除了注重感官及經驗的進路閱讀聖經以外，亦有引用生命教育的向度，幫助青少年人反思生命的價值。此外，亦有透過康體活動作為體悟性學習的模式。原來近年青少年事工的風氣是著重參加者的投入和表達，在分享及交流中經歷信仰羣體的活力。總的來說，現時青少年事工不能再停留在傳統的聖經教導模式。

以基督徒的生命影響人

保羅是提摩太的師傅，寫信給年輕的提摩太，教導他如何在教會中作帶領者。提摩太前書四章12節說：「不可叫人小看你年輕，總要在言語、行為、愛心、信心、清潔上，都作信徒的榜樣。」這節經文提醒我們，作為事奉上的帶領者，特別是青少年人的導師、青年部的部長、團契的職員，應該在屬靈品格上成為別人的榜樣。

我愈來愈發覺事奉的成敗，關鍵在於事奉者的屬靈品格，內在生命的質素和內涵。在我年輕的時候，我比較重視知識和技能，努力追求在聖經及神學知識的長進，及事奉方法的改善。在八十年代，突破機構有很多新的思維、新的觀念，並且多方面探訪信仰及文化的課題。當時，保守的教會仍然教導信徒不要看電影，亦不要在戲院門口等人。基督徒都有一個「不成文」的標準形像，弟兄主日要穿恤衫、西褲、結領帶，右手小心地帶著聖經及筆記簿，禮貌地到會崇拜。姊妹會穿著整齊，通常穿裙子，要格外的斯文溫柔。有些教會更要男女分坐。在那個時候，年青人喜歡發問、反思，對於甚麼是「屬靈」，有與傳統不一樣的見解。當時教會一般不重視神學教育，教導大抵是「多讀經多禱告」的訓勉，對於傳福音與社會關懷的課題，大多避而不談。如果當時年青的弟兄姊妹有多一點「關心祖國，認識社會」的心志，恐怕他們會被視為頭腦用得多，屬靈生命操練少的一羣。當年的青年信徒，大概都是經歷思想與教會現實情況的反覆印證而成長。當年的「熱血青年」，今天亦已屆中年。

回望過去的日子，我會發現今日年輕信徒在某方面重覆以往的循環。今日亦有不少年輕弟兄姊妹認為教會的教導和信息不能回應時代需要，不能與年輕人的文化同步前進。亦有弟兄姊妹認為福音信息演繹的方法太死板，缺乏創意無法達到向今日的年輕人溝通的效果。因此，熱心的弟兄姊妹切法在多方面學習，較明顯的是引進心理學的知識，這已經是七十年代末期的事。在這二十年間，處境化信仰反思大膽探討次文化問題，甚至以另類方法推動青少年工作的例子已經屢見不鮮。我相信大家必定比我更加熟識。我亦可以明白求變的心理原因。不過，我衷心勉勵大家，形式的改變可以達致某個程度的效果，能夠招聚一羣喜好這形式的青少年；不過我們必須時刻保持醒覺，要注意由外在的活動進入內在的生命。如果我們只能夠成功地轉型，改變形式，卻令青少年事工活動化，吸引一羣有活力的青少年；卻無法由活動進入生命層次，結果就會在一個困局中。

我認為時代的巨輪不斷前進，青少年事工活動化是無法走回頭路的，我們可以做的，就是裝備自己能夠靈活地演繹信仰，並且能夠可以與青少年談論人生的課題。我們需要早一點對年青人作出信仰的挑戰。我們不要在傳福音及要求信徒委身的事上膽怯，我們自己要有一個良好的信徒的榜樣，我們並非為了完成任務而扮演導師、職員、部長的角色，我們要勇於活出真我，將你對信仰的熱情流露。你對上帝的委身，你對信仰的認真，你對人生理想的執著，你對團契及教會的理想都是你作為青少年人的生命師傅（Life mentor）的最佳條件。

服事的焦點是活生生的人，而不是會議文件或者紀錄。完善的架構、清晰的分工、議事程序等都是一些客觀條件，幫助我們完成人與人接觸，彼此分享交流的機會。更重要的就是我們了解弟兄姊妹的心靈需要，他的人生體驗，屬靈上的掙扎。我們不是高高在上地指指點點，而是發自關心和愛心，鼓勵灰心者重拾信心，挑戰有恩賜有潛質的弟兄姊妹，為上帝作大事。我們的角色是中介人，幫助別人成長，我們的任務就是以自己的生命的上帝作見證，以生命影響生命。無論我們在甚麼崗位裏事奉，我們都要看到，面前服事的，是生命。無論我們是不是青少年人，或青少年人的導師，我們都必定在教會中受過別人的祝福和栽培，我們是否願意以親身經歷和生命來服事，成為榜樣呢？

以教導勸勉為主要任務

13節教導我們：「你要以宣讀、勸勉、教導為念，直敍等到我來。」保羅提醒提摩太主要的任務是教導及勸勉。大家都在忙碌的生活中抽出寶貴的時間來服事。我要提醒大家，要保留精力在與人接觸及教導上。我們不能依靠行政統籌的方法改變人，亦不能毫無組織地發展，我們需要兼顧事工的需要及人的需要。我們需要有「僕人領袖」的心志，就是以服事人的心態作管理。我們要明白行政的目的是「恰當地完成任務」(do the thing right)，領袖的任務是「做正確的事」(do the right thing)。如果我們的注意力是填滿每年的事工，令部門活動多姿多采，卻忽視了成員的屬靈生命成長，我們仍然在繞圈子，未能對準焦點。

我們需要鼓勵更多弟兄姊妹以僕人心態作領袖，事奉團隊和服事對象的屬靈生命的成長。我們要時刻以上帝的道為中心，教導勸勉弟兄姊妹。因為人有很多差異，人對教會活動有不同的訴求，我們無法在活動形式上完全滿足不同的人的期望。我們只能夠把持以上帝的道為中心，讓團友也以上帝的道為中心，接納其他團友與他的不同，接納團契活動方式的多元性。以上帝的道為中心，不是「硬銷信仰」，而是找到最堅固可靠的基礎，知道自己的定位。只有以上帝的道為中心，才可以培養僕人領袖。當各位以基督徒的屬靈榜樣感染別人的時候，我們才能夠有一種持續發展的動力。

有些人以為淡化聖經教導，可以令尋道者對參與團契減少抗拒。我覺得現代人生活繁忙，要他們抽時間參加一項並不必要的活動，實在困難。我相信要反問自己，為何團契活動重要呢？為甚麼我必定要參加呢？如果不是上帝的道能夠改變人的生命，滿足人的心靈需要，團契活動如何精彩，亦不能吸引人。上帝的道有一種吸引人的能力，使團友學習愛及關懷，沒有愛就沒有溫暖。只有溫暖的關懷使人對團契有歸屬感。而人可以突破自我，與陌生人溝通，接納他人與自己的差異，關心別人，原因不是活動適合自己，而是被上帝的道吸引。

環顧香港增長速度較高的教會，主要有兩種：一種是採用靈恩的方法；另一種是重視講壇及教導。靈恩的方法是採用活潑的敬拜讚美，強調心靈釋放，禱告服事，使人在崇拜及團契感到有屬靈高峰經歷。重視講壇及教導的方法，會以釋經講道，系統化的真理教導是較根本的方法，亦是較持久的方法。我十分重視屬靈栽培，首先是事奉人員的栽培，由領導層至羣眾。培訓領袖與教牧同工配合十分重要，同時導師、部長、團長、職員，將來可能成為奉獻事奉上帝的人才，所以我會由最基礎階段著重培訓工作。我的理念是首先牧養及關顧這批弟兄姊妹心靈的需要，讓上帝的道成為他們的力量。當他們經歷被牧養，被上帝的道更新改變後，找到自己人生的方向，事奉的崗位後，他們自然會熱心為上帝事奉。在所有的事奉崗位和事工上，我們都要把持上帝的話語根基。我深信只要事奉人員有上帝的話語為後盾，事奉的人不會懼怕事奉，亦不會陷入耗盡枯乾，相反會經歷聖靈的力量，敢於承擔挑戰。

殷勤服事，謹慎自己

15至16節教導我們：「這些事你要殷勤去做，並要在此專心，使眾人看出你的長進來。你要謹慎自己和自己的教訓，要在這些事上恆心；因為這榜樣，又能救自己，又能救聽你的人。」作為一個事奉上帝的人，必須重視專業及內在生命素質的結合。事奉上帝的人不能單靠一些技巧，完成某些工作，就以為自己可以獲得上帝的喜悅。近年我留意教會增長的理論與增長率高的教會情況，我大概知道今日的信徒可能有多次決志，信主後流失，過一段時間又再積極起來，恢復教會生活。因此，教會不愁沒有人參加崇拜，甚至團契亦有人主動參與。其實，我們要令一個團契增長，並非一件艱難的事。重要的我們必須知道是上帝的恩典及憐憫，將人數加給我們。

如果，我們有健康成長的內在屬靈生命，我們會有一醒覺力，知道純正的事奉動機才能產生屬靈的果效，結出屬靈的果子。所以，我們極需要懇切在上帝面前求方向，讓上帝指引我們。有些時候，我們會過早被推上事奉的崗位承擔責任。其實，每個人都需要空間成長，不過我們要被提醒、受約束。如果我們將事奉看成自己的事業，不懂聆聽別人的意見，不懂得與不同意見的人溝通，只以自我中心的態度做自己想做的事，結果這種不成熟的態度最終會誤事。作為牧者、導師、事奉人員需要時刻反省，團隊是否一個團結的團隊，大家是否能夠適當地組合，有甚麼地方阻礙大家的溝通和合作？團隊合作並不是大家保持距離，禮禮貌貌地做好本分；真正的團隊力量是大家共同認清目標，有方向和遠象，齊心努力，各顯所長，一起拼湊出一幅美麗的圖畫。一個團隊要發揮潛力，必須要同心，在同心之先，必須彼此可以「交心」，你能否信任你的弟兄姊妹呢？

事奉與在世上工作不同，事奉需要彼此互相接納和肯定。事奉是一起打拼，一起去追尋夢想，一起實現夢想。事奉不是按章工作，事奉是發自內心，是有一種熱情（passion）。如果大家缺少了那份殷勤服事的心，我們需要求上帝更新我們。如果我們有殷勤服事的心；求上帝幫助我們謹慎自己，在工作及家庭生活方面有美好的見證。對一個殷勤服事的人來說，我們會很容易承擔大小各樣事工，在不自覺的情況底下失去提拔後進的機會。我們需要謹慎自己，免致自己的熱心成為令其他人無法成長的陷阱。我們殷勤服事，不單在事工的層面，同時可以在提拔後進的層面，發掘那些有恩賜，有潛質的弟兄姊妹，從旁協助他們成長，我們需要以生命影響生命為最高理想，首先自己追求屬靈品格的成長，然後協助弟兄姊妹成長，我們要時刻反省自己是否有正確的定位，並且願意接受上帝的提醒及責備。此外，我們要十分小心謹慎，在殷勤事奉的同時，要有合一的心志。我們要留心是否有團友感到不被接納，意見不被重視。當然，彼此接納並不等於毫不考慮毫無保留接納別人的意見。重要的是聽取意見，坦誠溝通，在考慮整體需要的過程後表達自己的見解。我們實在要求上帝賜我們客觀冷靜的分析力，公正不偏不倚的心，以團契、青年部，甚至整個教會的益處考慮事情，使我們成為和平之子，為上帝工作。

反思問題

1. 基督信仰重要的地方是改變人生命的方向及內容，你是否以生命影響生命作為事奉焦點呢？
2. 在一個重視感性的文化潮流中，重視理性的聖經教導實在不可少。你願意作為一個有生命的教導者嗎？你如何令事奉紮根於上帝的話語？
3. 你認為現在的事奉團隊是否都同心合意以上帝話語為依歸？還有進步的空間嗎？如何可以達致進步？

16 基督乃榮耀的光輝

林後 四1~6

哥林多後書四章1至2節教訓我們:「我們既然蒙憐憫,受了這職分,就不喪膽,乃將那些暗昧可恥的事棄絕了;不行詭詐,不謬講上帝的道理,只將真理表明出來,好在上帝面前把自己薦與各人的良心。」哥林多後書一章12至七章16節的重點,是保羅為自己的事奉作解釋,而四章的重點並非受苦,而是在忍耐中表現上帝的能力(林後四 7~15)。但我今次思考這段經文,重點並非在如何在困難中忍耐,而是看看基督乃榮耀的光輝這前設,幫助我們對它有更深入的理解,以致能支持我們忠心事奉到底。

基督信仰的吊詭性

5節教訓我們：「我們原不是傳自己，乃是傳基督耶穌為主，並且自己因耶穌作你們的僕人。」天主教有一個修會叫耶穌會，過去對中國傳教事業十分有貢獻，耶穌會的會訓是：「愈顯主榮」（*Ad Maiorem Dei Gloriam*）。宗教改革者約翰·加爾文亦非常注重上帝的榮耀。人生存的目的是榮耀上帝。一個以上帝為中心，以榮耀上帝為人生目標的人，才能找到真正的自己。

近年心理學強調人的「自我實現」（self-actualization），人要自由、自主、自我成長、自我表現，一切都以自我為中心；不過自我中心的危險是自我膨脹，無法尊重別人。約翰·加爾文強調認識上帝以致認識自己。當人切法認識自己的時候，如果沒有一個超越人間相對標準的起點，我們亦無法跳出人的局限去看自己。同時，當我們藉着「九型人格」、MBTI等性向測驗認識自己，亦無法靠自己改變自己性格的缺點。

每個人都按上帝的形像來衡量其價值，每個人都是罪人，都是因耶穌基督的救恩被接納。當然每個人的角色職分不同，不過上帝看人是平等的。不單如此，上帝看重服事人的比接受服事的更偉大。因為我們的主耶穌基督，亦是在為世人捨命的行動中，彰顯祂的榮光。基督信仰充滿吊詭性（paradox），就是全世界的主，竟然來到自己的地方不被接納，最後被棄絕，死在十字架上。而上帝卻定意採用這個方法拯救世界。這是上帝啟示的方法，十字架並非失敗，亦不是無能，上帝定意在人眼中的軟弱和失敗，彰顯耶穌作為「無能的大能者」的榮光。

作為基督徒，我們應該以屬靈的眼光看人生的磨煉。每個人都要走自己的十字架道路，我們不應埋怨上帝。我們應該集中思想耶穌作為受苦僕人的榜樣，以致我們不致灰心失望，或者在信心的道路上倒退。主耶穌基督以僕人的身分服事世人，上帝沒有讓耶穌白白受苦，最後上帝使主耶穌基督從死裏復活、升天，並且在再來的時候作工審判世界。

宗教改革者奠定了寶貴的十架神學，提醒我們不要表面地看上帝的榮耀，相反要從十字架看出上帝的榮耀。上帝沒有表示祂只在成功人士的人生中工作，上帝應許在每一個人的生命歷程中工作。北美洲流行成功神學，其實在內容上與宗教改革者的屬靈領會背道而馳。成功神學只會倒果為因，只要你事業成功，就推論你蒙上帝祝福。如果你人生遇上不幸，找不到甚麼令人羨慕的地方，那就很難推論上帝在你身上工作。所以，我覺得當教會及教會機構只挑選只「成功的」弟兄姊妹，我心裏就覺得很不安。難道那個長期患病的兄姊每天費盡氣力，在艱難中倚靠上帝，在失望中仍然盼望上帝的奇蹟的，豈不是沒有見證可傳嗎？

在忍耐中彰顯基督的榮耀

6節教導我們：「那吩咐光從黑暗裏照出來的上帝，已經照在我們心裏，叫我們得知上帝榮耀的光顯在耶穌基督的面上。」在十字架上的耶穌基督是上帝榮耀的光輝，不過卻在那些不信的人身上被蒙蔽（四 3），因為他們被世界各種宗教、哲學、人生哲理弄瞎了心眼（四 4），好像當年以色列人心地剛硬，無法明白耶穌基督的奧祕（三 14）。一個信主的人，屬靈的眼睛張開，可以看見主的榮光，並且被上帝的榮光照耀，使自己生命被轉化（三 18）。

保羅深深體會這種生命改變的工作由聖靈啟動，所以在三章17節教導我們：「主就是那靈；主的靈在哪裏，那裏就得以自由。」保羅在艱苦的環境裏，看重由耶穌基督而來的事奉機會，將這個傳福音、使人因信稱義的職事看作榮耀的職事。他對比舊約時代的職事與新約時代的職事，指出「何況那屬靈的職事豈不更有榮光嗎？」（三 8）當保羅看見基督的光輝，看見事奉職事的榮光，他就願意忍耐，學習耶穌在受苦中彰顯上帝的榮耀。

最近我讀到溫偉耀博士一篇文章：〈我有一個中國夢〉，我內心亦被觸動，他在大學時代信主並蒙召奉獻，七十年代參與福音廣播服事，一九七五年碩士畢業後，放下進修物理的夢想，進入神學院，畢業後參與中國教會研究工作，八十年到牛津大學進修。八十年代遇上女兒嚴重弱智，太太患上癌症，人生陷入沮喪的階段，八九年移民到加拿大。溫博士內心充滿矛盾掙扎，覺得無法實現自己的中國夢，但上帝藉着他在北美洲造就不少中國學者，當他看見在聚會中有如此多人願意回應上帝的呼召，他也崩潰了，更作出禱告，「即使中國不要我，我仍要中國，這些靈魂在你面前是多麼寶貴」的一段偉大禱文。

我雖然與溫博士只有君子之交，亦沒有聽他分享內心的感受，但從他的見證及文章裏面，亦可以想像他花了無盡的心力面對太太的疾病、女兒的成長困難。一個蒙召事奉上帝的人，要消耗精力與人生的困境搏鬥，哪裏還有力量為上帝奮鬥？他就是在這種矛盾和張力底下繼續走事奉的道路。我不願意美化或醜化事奉道路，免致誤導或嚇怕弟兄姊妹。不過，我亦要坦誠分享一個事奉上帝的人，在困難無助的境況才會深刻體會人的無能及上帝的全能，人的軟弱及上帝的剛強。一個懂得轉眼仰望十字架的主耶穌的信徒，才會明白主耶穌基督默默地擔當着人的痛苦，祂甘願為人付上代價，為了使人的生命活得更精彩。祂被審訊，被釘上十字架，卻用常人無法理解的方法彰顯上帝的榮光。一個事奉上帝的人，需要默想主耶穌的十字架與榮耀的復活，以致我們懂得在艱難困苦的情況底下，盼望上帝的拯救。

從神學上來說，宗教改革者高舉十架神學，強調在十字架上，上帝顯出大能，彰顯上帝的榮耀。因此，我們要秉承宗教改革的傳統，亦必須以十架神學為對信仰了解的重心。因此，我亦常常提醒自己，不要忘記十字架神學的重要，並且要審慎地以十架神學的精神衡量當代教會的信息及事工策略。我十分明白很多信徒會偏好較為應用的教導，對較深層的神學缺乏興趣，我在教會講道亦絕少引用神學理論，免得弟兄姊妹覺得太艱深。不過，我們亦應該反省上帝的啟示是甚麼，甚麼是成功，甚麼是失敗。當我們以為生活一切平順就等於是上帝的祝福，遇上困難就是上帝離棄自己的時候，可能我們對人生的複雜性看得太簡單。一個在困難中掙扎的弟兄姊妹，他流淚向上帝禱告，上帝豈不樂意垂聽嗎？一個求助無援的人向上帝呼求，上帝豈不會賜下出人意外的平安嗎？因此，我們實在需要提醒自己，不要太容易被北美洲的「成功神學」誤導，以為上帝只會祝福成功的人，馬丁路德在十六世紀已經將更深層的屬靈體會揭開，讓我們明白十字架上的耶穌基督，在被釘的時候顯出上帝的光輝，表明自己是「無能的大能者」，我們所講的信心就是相信在任何境況，上帝都掌權，上帝並沒有離棄軟弱患難的肢體。

反思問題

1. 基督信仰的吊詭性，對你的事奉有甚麼啟迪？
2. 若你看到並明白「基督乃榮耀的光輝」，你的事奉又會有何不同？
3. 在事奉上遇到挫折的時候，你是否以忍耐面對挑戰呢？

17 要我為你做甚麼？

可十 36、51

馬可福音十章記載耶穌兩次與不同的人提說「要我為你做甚麼」的問題：第一次是在馬可福音十章36節，耶穌與雅各及約翰的對話；第二次是馬可福音十章51節，耶穌與瞎子巴底買的對話。在一次主日崇拜中，聽到講員講述這兩次對話，令我有深刻印象，使我有興趣追問馬可福音的寫作重點，敘事記載的目的，是否要突顯出一種對比。後來，我請教這位講員，他分享所引用的參考書，令我大開眼界，其中有一本註釋書，更將馬可福音八章27節至十章52節劃分成一個單元，讓我們從這個單元的結構來看看對事奉人員的提醒：我們應該追求甚麼？看見與不能看見有甚麼不同？

馬可福音八章22節至十章52節

馬可福音八章22至十章52節的主題是耶穌往耶路撒冷途中，教導門徒學習十字架的道理。八章22至26節記載耶穌醫治瞎子甲，這裏沒有記載瞎子的名字，耶穌亦沒有問他：「要我為你做甚麼」的問題。表面上與十章45至52節耶穌醫治瞎子巴底買的記述手法不同。因為，十章45至52節記錄了瞎子的名字，亦記載耶穌問他：「要我為你做甚麼？」雖然這兩個記載並非在手法上完全一樣，但是將這兩段經文視為同一單元的劃分，由醫治瞎子甲作開始及醫治瞎子巴底買作結束，是一個有意義的分段方法。

隨之而來的問題，就是以醫治兩個瞎子作開始及結束，為了要突顯甚麼信息，究竟中間的部分是如何分段，表達甚麼主題呢？

整段經文可以分為五部分：八章27至九章13節的主題是學習認識耶穌；九章14至29節的主題是趕鬼的成敗經驗；30至50節的主題是學習十字架道路；十章1至31節的主題是上帝國的革命性價值；最後，十章32至45節的主題是跟隨耶穌走十字架道路。在緊貼耶穌醫治瞎子甲以後，是彼得承認耶穌為基督（八 27~30），然後是耶穌三次預言受死（八 31~38，九 30~37，十 32~45），穿插在耶穌三次預言受死的記載中間，主要的信息是強調耶穌吩咐門徒背起自己的十字架跟從主。同時耶穌兩次針對門徒爭論誰為大而作教導。第一次爭論記於九章33至37節，門徒往迦百農的路上，耶穌在到了迦百農後教訓他們：「若有人願意作首先的，他必作眾人末後的，作眾人的用人。」（九 35）第二次爭論記於十章42至45節，當雅各及約翰要求將來坐在主耶穌左右之後，其他門徒就不滿，耶穌就教訓他們：「你們中間，誰願為大，就必作你們的用人；在你們中間，誰願為首，就必作眾人的僕人。因為人子來，並不是要受人的服事，乃是要服事人，並且要捨命作多人的贖價。」（十 44~45）耶穌基督以走上十字架道路的榜樣呼召人背起自己的十字架跟隨主，馬可福音的作者，揭示這羣跟隨耶穌的門徒，在認識耶穌基督的功課上面，仍然有嚴重的盲點。這個盲點就是對權力的錯誤理解。對雅各和約翰來說，權力並不必然為了服事，所以耶穌基督提醒門徒，追求權力必須為了服事，甚至犧牲自己使他人得益。

如果我們在這個脈絡底下，將馬可福音八章22節至十章52節劃分為一個單元，由醫治瞎子甲開始及醫治瞎子巴底買為結束，那麼，敘述者的目的就是要突顯夾在結構中間的主題：雅各和約翰的盲點。他們所追求的卻不是他們最重要的，相反瞎子巴底買卻是追求對他最重要的。當主耶穌分別問他們：「要我為你做甚麼」的時候，他們的回答反映他們所追求的分別。本來眼睛明亮的人，卻在屬靈上眼瞎，相反那個瞎眼的，卻是屬靈上眼睛明亮。

我們應該追求甚麼？

馬可福音十章35至40節記載，雅各和約翰問耶穌：是不是無論我們向祢求甚麼都可以呢？耶穌回答說：「要我給你們作甚麼？」耶穌的意思是你們要我為你完成甚麼心願呢？主耶穌願意服事人，亦願意建立人，使人成長及發展。雅各及約翰期望耶穌在榮耀裏賜他們坐在左右的位置。耶穌的回應十分簡單直接：「你們不知道所求的是甚麼。」耶穌沒有責備他們，只是指出他們並不清楚所求的事，必須付上非常重大的代價，又或者用另一個角度表達，就是他們在能力上、靈性上或其他方面都未能符合所求的職分的要求。耶穌反問他們主所喝的杯，他們能喝嗎？主所受的洗，他們能承受嗎？他們都表示可以，但是究竟他們是否明白喝主的杯代表甚麼？主耶穌在這點上沒有再跟他們糾纏下去，就將焦點推在父上帝身上，表示安排坐在耶穌左右的事，是上帝決定。

反觀瞎子巴底買，是耶利哥一個討飯的乞丐，聽見耶穌經過的消息，就大聲呼叫：「大衛的子孫耶穌啊！可憐我吧！」當其他人制止他的時候，他愈發大聲喊呼：「大衛的子孫哪，可憐我吧！」耶穌聽見他的呼叫，就停下來，叫他過來。巴底買對於被耶穌注意，十分興奮，就跳起來到耶穌面前。對於巴底買來說，能夠被耶穌注意已經十分高興，他被人制止，便用更大的聲音表達自己，希望受到注意。這次他終於得償所願，被耶穌注意，主耶穌叫他過去，問他要甚麼。巴底買要求可以看見，耶穌的回答直截了當：「你去吧！你的信救了你了。」

耶穌問雅各和約翰的問題，跟問巴底買的問題，基本上是相同的：「要我為你做甚麼？」不過答案卻不相同。雅各和約翰祈求在上帝榮耀的寶座旁邊佔一席位，巴底買祈求能夠看見。從雅各和約翰，跟巴底買向耶穌要求的內容分析，巴底買所祈求的是關乎生存的基本需要，而雅各和約翰所祈求的卻是人生更高的成就。按照耶穌的回答來看，耶穌對於滿足人生存基本需要，是義不容辭和義無反顧的，不過耶穌對於追求人生更高成就的要求，卻不一定能夠按人的意願實現。

作為一個奉獻事奉上帝的人，我們所追求的是甚麼呢？是關乎我們生存根本需要的事，還是追求更大的成就感呢？對於一個瞎子來說，追求能夠看見，是人生一種釋放，重見光明，重獲新生。對雅各和約翰來說，是追求當主耶穌榮耀再臨的時候，坐在主的左右邊，卻不是生命基本的需要。主耶穌基督反問雅各及約翰：「主的杯你們能喝嗎？」他們回答可以。我們現在看這段經文，會比他們更加清楚，因我們知道主的杯是苦杯，是走上十字架道路的犧牲和受死。所以，或者我們不會像他們回答得那麼爽快。

究竟我們如何理解跟隨基督的意思呢？跟隨基督是要付上代價的，是要承受心靈的壓力的。我們有沒有心理準備面對這些挑戰呢？我們有沒有一種追求穩定的心態，失卻一種向前突破的動力呢？當我們的人生走到某一個階段的時候，我們是否失去接受挑戰的勇氣，漸漸變得缺乏進取心，缺乏動力求變，因循行事。究竟我們是否安於現狀，還是敢於接受挑戰呢？我們有沒有一種為主奔跑拚搏的心態呢？還是我所籌算的一切，都是為了自己的益處呢？

看見與不能看見的對比

雅各及約翰兩位能夠看見的人，卻在屬靈的事上有盲點，看不見權力的目的為了服事；相反瞎眼的巴底買及瞎子甲卻看見那位能夠拯救他們的上帝。如果我們對雅各及約翰與巴底買和瞎子甲作對比，就出現一個吊詭的現象：看見的人卻看不見，不能看見的人卻看見。雅各及約翰看見耶穌，卻看不見跟隨耶穌的代價，只看到跟隨耶穌對個人事業成就及權力的重要；相反巴底買及瞎子甲看不見耶穌，卻單純地相信耶穌基督可以解決他們生存的困局。

當我思想這個對比的時候，我將焦點放在自己身上，我看見甚麼？當我自以為看見的時候，我看不見甚麼？當主耶穌基督問我：「要我為你做甚麼？」我會怎樣回答祂？當我們安靜面對上帝的時候，我們不能逃避一個根本的問題，就是我需要上帝來完成我的心願，還是上帝需要我來成就祂的旨意。

馬可福音八章34節記載耶穌的教訓：「若有人要跟從我，就當捨己，背起他的十字架來跟從我。」究竟我的十字架是甚麼，我是否看見自己的十字架，還是看不見自己的十字架，背起那個不是真正屬於自己的十字架。當我自以為不斷地背負十字架，其實上帝還有要求我們作出更多捨棄，更多生命重整，可惜我卻一點也看不見的時候，恐怕我就成為瞎子領路。巴底買呼求耶穌使他重見光明，我們並非眼瞎，可是我們卻未必看見自己的盲點，特別是在事奉道路上一段日子的人，更容易自以為已經看見屬靈的真實。如果我們因循地將自己的想法等同上帝的意思的時候，恐怕我們是屬靈上瞎眼的人。

反思問題

1. 你現在努力追求的是否你生命中必須的呢？
2. 你有沒有發現自己屬靈的盲點呢？
3. 主耶穌常常對我們說：「要我為你做甚麼？」今天，若主耶穌問你，你會如何回答主呢？

第三部　恩賜的發揮

18 上帝的勇士

提後一 5~7

提摩太後書一章7節：「因為上帝賜給我們，不是膽怯的心，乃是剛強、仁愛、謹守的心。」當我們思想如何為主爭戰的課題的時候，我覺得屬靈的戰場可以在我們以外的工場，亦可以在我們內心裏面。這段經文提醒我們，自己的內心亦是一個屬靈戰場。我們能夠靠上帝戰勝內心的情慾，亦能夠靠上帝在事工上得勝。因此，我引用這段經文，與大家思考「上帝的勇士」要具備甚麼特質，才能全面發揮恩賜服事主。

無偽的信

提摩太後書一章5節提及提摩太的信心沒有虛假。提摩太是由外祖母及母親栽培的。保羅歸主的過程是特殊的，而提摩太的歸主過程卻沒有保羅那麼戲劇化。提摩太的家庭宗教教育十分好，他的外祖母及母親十分虔誠，影響提摩太對上帝的信心。為甚麼保羅稱提摩太的信心是無偽的信心呢？

提摩太沒有保羅那種屬靈魅力，亦沒有保羅那種領導的恩賜。他是保羅的屬靈學生，是保羅所親愛的屬靈同工。提摩太沒有高舉自己的心，相反卻有點膽怯，對困難與挑戰感到恐懼。提摩太蒙上帝欣賞的地方是他信仰真誠，沒有虛假。縱使他不是將相之材，能夠將教會事工大大發展，但是他那份忠心服事的精神，能夠使教會穩步前進。

回想當年剛讀神學，我開始有機會負責主日講道，當時我戰戰兢兢地預備講章。當時栽培我的牧者提點我，如果有年長的教友覺得你講得不好，不要太灰心。感謝上帝，我得到學習的機會，在事奉上汲取經驗。在參與神學教育事奉上，我亦經歷有前輩給予機會，讓我學習。這些前輩不斷幫助我在事奉上成熟，他們對主的心、無私、樂助令我十分感動。這些在主裏成長的經歷，讓我作出兩方面的反思：一、我們有沒有無偽的信心去面對自己的不足，以及接受事奉上的挑戰？二、反過來說，我們是不是能夠無私地鼓勵和協助其他弟兄姊妹踏上事奉的路呢？

培養剛強、仁愛、謹守的心

6至7節記載保羅勉勵提摩太看重聖靈的恩賜，心裏要火熱，不要膽怯，要剛強起來。事奉需要持久力，匹夫之勇難以勝任。事奉要面對各種風浪，有時你的意見未必獲得接納，你的做事方法未被認同，你的領受無人了解。有時我們要學習等候，又要學習反省。究竟別人不認同我的意見，原因何在呢？究竟他們的想法如何？他們的價值取向如何？有些時候，我們的意見遭反對，就會退縮或者鬧情緒，不過我們有沒有想過，別人反對我們的意見也有不同程度，究竟是完全反對，還是基本上同意，只是枝節問題上有不同看法，又還是純粹是技術上有反對意見呢？又或者原則上同意，只不過暫時不適合呢？我們需要先了解反對的原因何在，然後再反問自己能否提出新的論點，給人一個合理的解釋。

現時香港政府推行高官問責制，政府官員要面對更多的質詢。開會前更做足準備，對各類詢問、反對意見都先作分析，提出回應。我在德國的時候，很喜歡看電視訪問參與政治選舉的候選人，以及不同政黨對政制的辯論，我覺得節目主持人的水準很高，問的問題都是關鍵所在，答的人亦有明確的回答。我相信香港會在政策分析及討論上日漸進步。隨著信徒知識水平提高，思考能力更趨系統化的情況會愈來愈普遍，從事傳道工作將會要求愈來愈高。很多傳道人忠心事奉，卻不善辭令，不習慣開會文化，不喜歡抽象地思考，亦摸不清問題背後的問題是甚麼。在這種境況底下，保羅對提摩太的勉勵十分有用。我們不必膽怯，不必失去信心，憑著上帝的恩典完成自己的本分及責任。

我記得有位老牧師告訴我，當他童年的時候，他的父親亦是牧師，在主日崇拜後的幾天，總會問他和他的兄弟姊妹，崇拜講道的內容及重點。我心裏想，有些時候聽講道，覺得很動聽，過後問自己聽了甚麼，自己都不清楚。這位老牧者自幼就接受這種思考訓練，當他在主日崇拜講道後，作總結祈禱，就顯出他的長處來，就是非常扼要地抓住講道重點，並且再加以發揮。有時一篇非常零散的講章，經他的總結，脈絡變得十分清晰。其實我們作傳道工作，首先自己要留心別人的講章。我自己經常提醒自己要尊重每個講員，留心聽道。一方面我們可以學習謙卑，另一方面可以從不同的講章中聆聽上帝的聲音。

保羅勉勵提摩太要有剛強、仁愛、謹守的心。我們不必努力向人證明自己的能力，以求被人接納，這樣做會很痛苦。我們需要以上帝為中心，討上帝的喜悅，以無私的心服事弟兄姊妹。剛強不是逞強、好勝，而是在何時感到軟弱，何時全然投靠上主。我們不是靠自己剛強，當我們以為自己站立得住，上帝可以讓困難臨到，止息人的驕傲。這種並非心理變態，並非自卑情意結的表現，而是一種更深的自我了解。我的價值，我的成就建基在那位愛我們、拯救我們的上帝身上，我的自信完全是上帝的信實所賦與。仁愛的心表示不要苛責別人，要有耐性勸導人、尊重人，給軟弱的人留下一個翻身的機會。在提摩太前後書裏面，保羅勉勵提摩太要合宜地與教會的長老執事合作，用適當的言詞教導人，並且自己作好的榜樣。保羅並沒有要提摩太以名譽、地位作自我肯定，相反要提摩太以美好的靈性，以上帝為中心的事奉生命去面對教會各種問題。

最近我有機會重遇一位老師，他曾經教我教牧輔導科，他是美國灣區一間華人教會的退休牧師，適逢今年回港在某神學院任訪問教授。他是一位非常有深度的前輩，有心理學及神學的博士學位，在他的年代是非常傑出的精英。他分享他的教會有華文部、英文部，有些老華僑不懂英語，而新一代的青少年又不懂中文，要讓他們在一個大家庭底下互相欣賞，並不容易，需要很多心力。這位前輩提醒我不要將人分門別類，亦不要分等級。我們在教會中一視同仁，不重富輕貧，以謹守的心督促自己關心那些被人忽略的人。

當我思想謹守的心的意思的時候，我想到不要被勝利沖昏頭腦。最近的世界盃賽事令熱愛足球運動的弟兄十分興奮。九十分鐘的比賽，未完場也未能定勝負。形勢大好的球隊亦可以輸波。所以我們要特別小心，千萬不要分心，要專心防止任何錯誤出現。一個錯誤導致失球，同時會失去氣勢，自亂陣腳，再次犯錯誤。如果我們不能沉著應付，謹慎自己，在屬靈的事上亦會很容易出錯。有些人為求出名而言論出位，為了突出自己而標奇立異，為求別人注意他的存在而作出破壞行為。在屬靈的事情上，亦有弟兄姊妹好像小孩子般，需要人肯定他的重要性。當我們面對弟兄姊妹不成熟的表現的時候，更加需要以保羅對提摩太的勉勵作行事的指引，「因為上帝賜給我們，不是膽怯的心，乃是剛強、仁愛、謹守的心」。

反思問題

1. 甚麼是無偽的信心？你有沒有這無偽的信心呢？
2. 主耶穌批評法利賽人虛偽，表裏不一致。你是否願意按真理教導宣講和生活呢？
3. 在商業化社會影響底下，教會亦受市場營運觀念影響，重視數字及成本效益。你是否立志在尋求教會增長的同時，保持清醒的頭腦，受剛強、仁愛、謹守的心約束呢？

19 屬靈的恩賜

林前十二 1~11

在新約聖經裏面，提及恩賜的經文主要有哥林多前書十二章、羅馬書十三章3至8節及以弗所書四章4至10節。如果要全面地探討恩賜的課題，需要對上述三段主要的經文作深入的探討。由於篇幅所限，我選擇引用哥林多前書十二章1至11節為主要經文，在演繹的時候，亦會引用其他兩段經文。

屬靈恩賜由聖靈而來

這段經文指出屬靈恩賜由聖靈而來。這是十分重要的提醒。很多時候，我們會將注意力放在發現恩賜、培養恩賜上，可是生命的建立比恩賜的培養更基本更重要。沒有屬靈生命的人怎能有屬靈的恩賜呢？因此，保羅在2節提醒我們在未信主以前的屬靈光景，我們接受主耶穌基督為救主，都是受聖靈的感動，如果不是聖靈的感動，我們亦不會稱耶穌是主。

很多弟兄姊妹都會問究竟「恩賜」與「天分」有甚麼分別？根據1至3節的教導，「恩賜」是指信主後從聖靈得來的賞賜。以弗所書四章7至8節亦描述：「我們各人蒙恩，都是照基督所量給各人的恩賜。所以經上說：『他升上高天的時候，擄掠了仇敵，將各樣的恩賜賞給人。』」這兩節經文指出「恩賜」是當一個人悔改後才得到的。可能有弟兄姊妹提出疑問，究竟我們是否可以將未信主前的才華稱為「天分」，而信主後的就稱為「恩賜」呢？例如一個人，自小學習彈鋼琴，當時他尚未信主，信主後他在教會中擔任司琴，究竟我們如何理解他的恩賜呢？基本上他自小尚未信主的時候，彈鋼琴是一種才華、一種天分，不過，當他信主後，願意將這種才華作為事奉上帝，建立教會之用，這種才華就轉化成為一種恩賜；所以，對這位信徒來說，他的才華與恩賜之間有一種連貫性，所不同的地方是他的心態改變了，他的心志改變了。以前他可能為個人的成就而練習，現在他卻是為榮耀上帝去練習。這種例子說明「恩賜」與「天分」之間有連貫性，信主後的恩賜與未信主前的天分有密切關係。但是無論是「恩賜」或是「天分」，都是上帝所賜的。

另一方面，「恩賜」與「天分」未必有連貫性，例如有些弟兄姊妹在未信主以前不善辭令，不敢表達自己，對自己缺乏信心，不過在信主後，他卻有勇氣傳揚福音，見證主耶穌的復活大能，這顯然是聖靈的恩賜。當我們回顧自己成長的歷程的時候，我們會發現，當我們願意事奉上帝的時候，我們會發現上帝原來給予我們如此多的恩賜。當我們事奉上帝的時候，我們會有機會嘗試做一些以前從來沒有做過的工作，因此，有弟兄姊妹會認為其實上帝賜給我們不少「天分」，只是我們自己不知道，透過在教會中的事奉，我們有機會發揮那些「天分」；例如在團契職員會擔任職員，擔任文書、編寫議程、會議記錄、印團刊……縱使我們透過事奉發現自己潛藏的「天分」，我們亦要問這些「天分」從何而來？當然是從上帝而來，並非屬於個人擁有。總的來說，不管我們將未信主以前的才華轉化為事奉上帝的恩賜，還是在信主後獲得上帝的恩賜，最重要的是我們清楚恩賜由聖靈而來，我們沒有甚麼可誇的地方，我們將所得的一切用來事奉上帝，造就教會，是我們的本分。保羅在哥林多前書四章7節教訓我們：「使你與人不同的是誰呢？你有甚麼不是領受的呢？若是領受的，為何自誇，彷彿不是領受的呢？」因此，我們必須緊記我們都是從上帝那裏白白領受不同的恩賜，目的是事奉上帝、榮耀上帝，建立教會。

恩賜與職事息息相關

4至6節清楚說明恩賜原有分別，然後將重點集中在職事方面。雖然這段經文沒有列出職事恩賜的清單，不過，在稍後一點的28節就列出職事的恩賜：「上帝在教會所設立的：第一是使徒，第二是先知，第三是教師，其次是行異能的，再次是得恩賜醫病的，幫助人的，治理事的，說方言的。」而以弗所書四章11節記載：「他所賜的，有使徒，有先知，有傳福音的、有牧師和教師。」我們可以稱這類恩賜為特殊恩賜，是擔當教會裏面一些特殊職事必須具備的能力。

可能有弟兄姊妹提出疑問，恩賜是否局限於教會的某些職事呢？答案：不是。在保羅的著作裏面，除了提及職事的恩賜以外，還有一般的恩賜，這方面我在本文的稍後篇幅會再交代。總的來說，保羅所指的職事恩賜主要是領導教會、牧養教會的恩賜。時至今日，我們有的職事是牧師、傳道、長老、執事、或者委辦……值得我們思想的，當我們擔當這些職事的時候，我們有沒有祈求上帝賜我們該職事所要具備的恩賜。作為教牧同工，在神學院接受訓練，所學習的理論與及實用知識，可算是教牧同工專業訓練的主要部分。不過作為教牧同工，需要有牧者心腸，相信大家都同意這是一種從上帝而來的恩賜。同樣，作為長老和執事亦不是因為專業的社會地位可以使人自動有能力完成上帝的旨意。作為長老和執事，我們需要從上帝而來的恩賜，領導教會、治理教會。

保羅在羅馬書十二章3節給我們寶貴的教訓：「不要看自己過於所當看的，要照著上帝所分給各人信心的大小，看得合乎中道。」甚麼是「信心」的大小呢？我們可以將它理解為擔當某個崗位的信心和把握的大小，這要視乎我們的能力和經驗而定。無論如何，領導教會和治理教會的職事所面對的挑戰絕不簡單，而且責任重大。如果我們將領導教會和治理教會的工作分為不同層次，我們可以鼓勵更多弟兄姊妹分擔這方面的責任，同時可以鼓勵弟兄姊妹在這方面尋求上帝的恩賜。我們不單呼召弟兄姊妹奉獻時間、金錢事奉上帝，同時提醒弟兄姊妹尋求上帝的恩賜去完成上帝的託付。

很多時候，教會內部出現紛爭矛盾，其中一個原因是人依靠自己的能力去完成上帝的託付，沒有認清一個重要事實——只有依靠上帝的恩賜才可以完成上帝的工作。詩篇一百二十七篇1節是一節令人戰競的經文：「若不是耶和華建造房屋，建造的人就枉然勞力；若不是耶和華看守城池，看守的人就枉然儆醒。」傳道的、牧養的、治理的與及其他崗位的弟兄姊妹，我們各人在不同崗位上事奉，但都是靠上帝去完成，我們可尋求上帝賜下職事所需的恩賜，使我們可以更有效完成上帝的託付。

恩賜與生命不可分割

保羅除了提及職事的恩賜以外，亦提及一些一般性的恩賜，例如羅馬書十二章8節提及勸誡、賙濟、幫助人、憐憫人等恩賜。基本上，我們可以說一般信徒都具備這些恩賜，或許有些人特別出色，不過每個信徒都可以發揮這些恩賜。因此，我們可以將恩賜分為職事恩賜與一般恩賜兩類，剛才在第二部分已經交代過職事恩賜，在這部分我會談談一般的恩賜。

當我們稱勸誡、賙濟、幫助人、憐憫人等恩賜為一般恩賜的時候，並非表示這些恩賜不重要。其實這些恩賜相當重要，這些恩賜並非單單為了事工的需要而賜下，同時為了生命的建立而賜下。它們的價值絕對不會比職事恩賜低。在教會裏面，擔任職事的是少數，他們所需要的恩賜比較受人注意，不過對於沒有職事的大多數又如何呢？保羅並沒有忽略一般信徒的恩賜，保羅亦清楚恩賜不一定是事工性的，同時亦可以是與生命建立有關的。我引用「職事恩賜」與「生命建立的恩賜」並非要將兩者對立起來，職事的恩賜的目的最終是建立生命，不過職事明顯是較有代表性的，是較顯眼的。至於勸誡、賙濟、幫助人、憐憫人等恩賜同樣對促進教會生活是重要的，不過有這些恩賜的人不一定是教會的領袖。

當然，我們不是教會領袖，並非表示我們無需追求屬靈的恩賜。保羅在加拉太書五章22至23節所提及的聖靈果子，亦可算是建立生命的恩賜的一種表達。哥林多前書十二章11節提醒我們這位聖靈隨己意分給各人不同的恩賜，無論我們領受何種恩賜都是聖靈按祂的意願賜給我們的。哥林多前書十二章12至31節引用身體中各肢體來形容各種不同恩賜的配合。

保羅這種教訓，對於今日分工化的社會實在有寶貴的提醒，我們十分自然地想到機構中的部門式分工，甚至有系統地對教會裏面的人力資源作統計和評估，這是一般世俗機構採用的行政管理手法，我在神學院處理圖書館工作亦是採用這類方法。不過，哥林多前書十二章25節的教訓對一般機構與及教會都極有提醒作用：「免得身上分門別類，總要肢體彼此相顧。」特別在將恩賜分類的過程中，極容易產生互相比較所帶來的壞影響，嚴重的會互相排斥，好像保羅在哥林多前書21節所警告的：「眼不能對手說：『我用不著你。』頭也不能對腳說：『我用不著你。』」

此外，保羅提醒我們要顧念並不體面的肢體，意思是不要忘記那些較不受人注意的恩賜，例如清潔教堂的恩賜。很多時候，我們會將注意力集中在教會領袖的身上，這是十分自然的事，不過我們千萬不要忘記教會的整體，除了台前的主角以外，還有幕後不少弟兄姊妹的同心協力，才能夠推動教會的聖工。如果我們以為只有某幾種恩賜才是重要的時候，我們實在要明白保羅對恩賜的了解，除了包括職事恩賜，還有建立生命的恩賜。

哥林多前書十二章31節：「你們要切切地求那更大的恩賜。我現今把最妙的道指示你們。」然後，保羅緊接的哥林多前書十三章開始講愛。對保羅來說，愛的恩賜是最大的恩賜，我們可以將愛的恩賜形容為建立生命的恩賜。保羅認為每個基督徒都應該追求愛的恩賜，縱使我們並非教會領袖，我們同樣在促進教會生活方面有貢獻。

恩賜的目的是建立教會

保羅在以弗所書四12節提及幾種職事恩賜後，教訓我們這些恩賜「為要成全聖徒，各盡其職，建立基督的身體」。原來聖靈賜下各種恩賜主要是建立教會。不過我們要注意，保羅並非單單指建立教會的體制，保羅肯定教會的建立需要有穩定的領導層，不過保羅的教會觀並非只有制度，沒有個人。

以弗所書四章13至14清楚描述恩賜是建立人的生命：「直等到我們眾人在真道上同歸於一，認識上帝的兒子，得以長大成人，滿有基督長成的身量，使我們不再作小孩子，中了人的詭計和欺騙的法術，被一切異教之風搖動，飄來飄去，就隨從各樣的異端。」根據這兩節經文的教訓，我們可以說教會的建立就是信徒生命的建立。如果信徒在信仰上成熟，在屬靈生命上成熟，教會的屬靈力量就成熟。因此，教會的基本組合是每一位信徒，信徒生命的建立構成教會的建立。

信徒生命的建立可以分兩方面了解，基本上教導是最重要的，真理的教導才會使人的生命得到建立，得到真正的自由。因此，教會的教導十分重要，我們需要祈求教導的恩賜，使弟兄姊妹得到造就。此外，輔導亦是十分重要，環顧現代社會，離婚數字不斷上升，現代人對愛情、家庭的委身愈來愈薄弱，包二奶的個案、港人在國內非婚生的子女的數目難以估計，這正好提醒教會重視家庭生活輔導工作，強化婚前與及親子關係的工作，重視以家庭為單位的牧養。以上教導與輔導可說是現代教會所面對的迫切需要。

哥林多前書十二章7節提示我們:「聖靈顯在各人身上,是叫人得益處。」但是保羅並沒有單單從個人益處的角度理解恩賜,保羅在哥林多前書十四章12節教訓我們:「你們……既是切慕屬靈的恩賜,就當求多得造就教會的恩賜。」保羅在哥林多前書十四章討論先知講道與及說方言的課題,並沒有否定說方言恩賜的效用,保羅說:「我感謝上帝,我說方言比你們眾人還多。」(林前十四 18)不過,保羅考慮到教會聚會秩序的原則,提出凡事都當造就人的標準(26 節),要求信徒有次序地作先知講道與及說方言。

最後保羅作出結論:「所以我弟兄們,你們要切慕作先知講道,也不要禁止說方言。凡事都要規規矩矩地按著次序行。」(林前十四 39~40)意思是在教會生活裏面,恩賜的運用需要按著次序進行,千萬不要偏重某一方面而忽略其他方面,我們需要顧及不同恩賜的發揮,著重彼此間的平衡。

順服聖靈,促進教會合一

保羅在以弗所書四章2至3節教訓我們:「凡事謙虛、溫柔、忍耐,用愛心互相寬容,用和平彼此聯絡,竭力保守聖靈所賜合而為一的心。」這兩節經文提醒我們在教會裏面要以大局為重,設法保持教會的合一。在哥林多前書裏面,保羅更清楚地提及教會內部分裂的問題。在哥林多教會裏面,有些弟兄姊妹十分欣賞保羅的恩賜，亦有部分弟兄姊妹十分敬重亞波羅的恩賜，結果兩個有恩賜的人在教會中吸引了兩批羣眾。保羅並不願意見到教會分裂，他提醒弟兄姊妹明白無論保羅，或者亞波羅都是上帝的僕人。

當我們回顧教會歷史，我們發現不少有恩賜的牧者信徒往往不能與人合作，最後令教會分裂。從好的角度來看，教會分裂可以導致教會增長，從壞的角度來看，教會分裂是一種壞的見證。因此，我們除了竭力追求屬靈恩賜以外，亦需要學習謙卑地運用恩賜，我相信順服聖靈的帶領是十分重要的。我們所得的恩賜是上帝的禮物，我們事奉上帝是應該的，因此，我們必須以一種僕人心態運用恩賜，我們並不是榮耀自己，乃是榮耀上帝。

我相信各位弟兄姊妹都不願意教會有紛爭。記得我在德國的時候，就接觸過一些弟兄姊妹，他們互相埋怨，互相批評，無法合作，結果各自有自己的團契。我為他們難過，亦為華人教會的福音工作覺得可惜。如果我們真誠事奉主，為甚麼不能夠坦誠交往，互相接納，在福音的事工上齊心合力呢？所以，我們實在需要學習順服聖靈，促進教會合一。

另一方面，我又發現有些華人教會，並不明白發現人的恩賜，按弟兄姊妹所得的恩賜讓他們事奉的道理，他們只會依從自己的需要出發，不會考慮弟兄弟姊妹的情況。我認識一位傳道人，他在十多年前向教會申請進修聖樂，當時教會的回覆是進修聖樂並不可以得到教會的支持，因為教會需要傳道人，並非聖樂人才；如果你進修神學，教會可以支持。當然十多年後的今日，我們的眼光遠大了，不會隨便輕視聖樂的恩賜，但是保羅勉勵信徒追求屬靈的恩賜，建立教會，建立信徒的生命。作為教會，同樣要反問，究竟我們有沒有積極發掘弟兄姊妹的恩賜，有沒有善用弟兄姊妹的恩賜，還是呆板地以教會的需要為大前題，將其他恩賜的價值抹殺，甚至阻礙其他弟兄姊妹發揮他所得的恩賜的機會呢？

總結

恩賜是從上而來，是聖靈所賜的禮物，恩賜可分為職事恩賜與及建立生命的恩賜，恩賜的目的是建立教會，與及建立每位弟兄姊妹。我們從聖靈領受不同的恩賜，需要學習謙卑，在主內同心，建立教會，順服聖靈的帶領。

反思問題

1. 你在事奉上，需要求上帝賜甚麼恩賜給你，好使你能更有效地服事他人呢？
2. 當人發現自己的恩賜後，需要有磨練的空間。你願意給予機會嗎？
3. 當人覺得自己能夠獨當一面之後，很容易會變得自我中心。你願意時刻反省自己的表現嗎？
4. 很多人仍在認識自己，發現自己的恩賜。你是否願意幫助人找到他們的恩賜嗎？

20 恩賜的運用

羅十二 6~8；林前十二 8~10、28~30；弗四 11~12

恩賜（Charisma）這個字在新約聖經中出現過十七次，其中有十六次都在保羅書信中出現。一般來說，恩賜有五方面的意義，其中最特別的就是指「服務教會的能力」。在保羅書信中，曾經有四次提及恩賜的種類，這些經文是：羅馬書十二章6至8節；哥林多前書十二章8至10節、28至30節；以弗所書四章11至12節。現在，我們先從這四段經文開始，看看恩賜的種類。

恩賜的種類

在這四段經文中，提及很多種不同的恩賜，但是沒有一種恩賜同時在四段經文中出現，而醫病、行異能、說方言、翻方言的恩賜有在哥林多前書出現，所以我們可以推測上述四段經文是按著個別教的情況，提到有關的恩賜。另一方面，上述四段經文的重心是如何使用恩賜，所以，並沒有將恩賜的種類全部列出來。雖然如此，我們仍然可以按照這些恩賜的性質分為三類：一、是宣講的恩賜，包括宣講福音及教導信仰的真理；二、是服務的恩賜，包括賙濟貧窮人，照顧病人；三、是領導的恩賜，包括長老、監督、牧師、執事等。

在保羅書信中，我們可以歸納出三點對恩賜的了解：一、恩賜是從聖靈而來，按聖靈的意願賜給各人（林前十二 11）；二、並不是所有信徒都有同樣的恩賜，但是每一個信徒都有恩賜（林前十二 8~10）；三、聖靈賜下恩賜的目的是要造就信徒，建設教會（弗四 12）既然保羅認為信徒獲得恩賜的原因是建設教會，這樣我們便要看看保羅對教會的理解是怎樣的。

保羅對教會的理解

在保羅書信中，曾經出現四種對教會的理解：一、教會是上帝的子民；二、教會是基督的身體；三、教會是基督的新婦；四、教會是聖靈的殿宇。在上述四種對教會的理解中，其中以「教會是基督的身體」的發展是最完整、最成熟。在剛才所讀過的四段經文的上文下理中亦有提及「教會是基督的身體」。

在羅馬書十二章4至5節記載：「正如我們一個身子上有好些肢體，肢體也不都是一樣的用處。我們這許多人，在基督裏成為一身，互相聯絡作肢體，也是如此。」在哥林多前書十二章14節亦記載：「身子原不是一個肢體，乃是許多肢體。」在以弗所書四章4節亦記載：「身體只有一個，聖靈只有一個，正如你們蒙召同有一個指望。」在上述的經文中，保羅引用人的身體比喻教會，將基督比喻為身體的頭，信徒們比喻為身體的肢體，究竟他教訓我們些甚麼呢？

保羅所要教訓我們的就是信徒加入教會並不單是個人的事，並不單是個人與上帝私人的交往，而是包括與其他信徒的交往。在保羅書信中，保羅描述信徒之間的關係為一種唇齒相依的肢體關係。在哥林多前書十二章26節記載：「若一個肢體受苦，所有的肢體就一同受苦；若一個肢體得榮耀，所有的肢體就一同快樂。」所以我們可以將「教會是基督的身體」的教訓歸納為兩點：一、教會的基礎是信徒對基督的信仰；二、教會的基礎是信徒之間的肢體關係。

其實這兩點與十字架的兩方面意義是相同的，十字架象徵人與上帝的關係重新恢復，另一方面，人與人之間的關係亦重新得到建立。而這種人際關係得到重新建立的原因就是彼此有共同信仰的緣故。在哥林多前書十二章13節記載：「我們不拘是猶太人，是希臘人，是為奴的，是自主，都從一位聖靈受洗，成了一個身體。」保羅在這段經文中教訓我們一個道理：就是信仰能夠消除人與人之間在種族上，社會階級上的分別，使大家在教會中彼此互為肢體。這種肢體的關係就是彼此將自己在種族方面的優點、文化方面的優點、個人性格方面的優點等等貢獻出來，補充其他人的不足。

在教會裏，我們所強調的是將各人的長處、特點彼此配合，互補長短。其實一羣來自不同背景的人要和諧的相處是相當困難的，如果沒有同一的信仰可能大家早已各行各路了。不過大家有同一的信仰，還要小心謹慎地與其他信徒相處和合作，免得破壞彼此的關係，在以弗所書四章1至3節記載：「我為主被囚的勸你們：既然蒙召，行事為人就當與蒙召的恩相稱……竭力保守聖靈所賜合而為一的心。」

在教會當中，雖然大家有同一的信仰，但是每一個信徒對信仰的理解與著重點亦未必相同，例如有些信徒曾經在佈道會中受到上帝的感動，使他的生命有重大的轉變，所以他們覺得傳福音、開佈道會是教會的首要任務。或者有些信徒自小就在主日學成長，學習聖經的教訓，令他們的生活得到充實，所以他們認為推動基督教教育工作是教會的首要任務。或者有些信徒曾經遇到人生的挫折，在他們最灰心、失望的時候，有基督徒的輔導工作者協助他們認識人生的限制，接納自己所遭遇的不幸，明白人的生命在上帝的掌握之中，結果他們能夠靠著對上帝的信心展望將來，所以，他們認為推動基督教輔導和探訪工作是教會的首要任務。又或者有些信徒在莊嚴的崇拜中，經驗上帝神聖的臨在，使他們的心靈能夠從世俗煩惱中超脫出來，所以他們覺得建築宏偉的聖堂，訓練優秀的詩班，保留傳統的禮儀是教會的首要任務。

除了上述對教會的本質、使命的了解上，不同的信徒可能有不同的著重點以外，在促進屬靈生命的成長，與及推動教會使命的方法上，不同的信徒亦可能有不同的著重點。例如有些信徒認為每天的祈禱，讀經是屬靈生命成長的必要條件，亦有些信徒認為在生活上實踐聖經的教訓，在家庭、工作崗位、學校等等地方，忠於基督徒的良心處事，是屬靈生命成長的必要條件。

另外，有些信徒覺得教會增長的步驟是由量變到質變，先有人數的增加，才有素質的提高，亦有些信徒認為教會增長的步驟是由質變到量變，先有信徒素質的提高後，人數的增加是自然而來的。除了上述的例子之外，我們還可以找到更多的例子，而這些例子都是我們在教會中經常遇到的。而這些例子其實可以提醒我們思想一個問題：就是我們如何在「和而不同」的精神底下與其他信徒相處與合作呢？腓立比書二章3至8節記載了一段很有幫助的說話：「凡事不可結黨，不可貪圖虛浮的榮耀；只要存心謙卑，各人看別人比自己強。各人不要單顧自己的事，也要顧別人的事。你們當以基督耶穌的心為心：他本有上帝的形像，不以自己與上帝同等為強奪的；反倒虛己，取了奴僕的形像，成為人的樣式；既有人的樣子，就自己卑微，存心順服，以至於死，且死在十字架上。」或者當我們深思這段經文的時候，我們會得到一些幫助。現在讓我們看看信徒如何運用恩賜造就別人，建設教會。

運用恩賜的原則

我們從保羅書信可歸納出六條運用恩賜的原則。第一是：忠心。哥林多前書四章2節記載：「所求於管家的，是要他有忠心。」我們應該將所得的恩賜運用在造就別人、建立教會的工作上，聖靈將恩賜給與我們，並不是要我們為自己建立事業。

第二是：專心。羅馬書十二章6至8節記載：「按我們所得的恩賜，各有不同。或說預言，就當照著信心的程度說預言，或作執事，就當專一執事；或作教導的，就當專一教導；或作勸化的，就當專一勸化；施捨的，就當誠實；治理的，就當殷勤；憐憫人的，就當甘心。」。在這段經文中，保羅十分強調信徒要專一發展及運用所得的恩賜，免得三心二意，結果一無是處。

第三是：謙卑的心。羅馬書十二章3節記載：「我憑著所賜我的恩對你們各人說：不要看自己過於所當看的，要照上帝所分給各人信心的大小，看得合乎中道。」保羅在這段經文中教訓我們切勿為自己驕傲，因為恩賜是從聖靈而來，並不是我們有甚麼可以誇耀的地方。

第四是：熱心。羅馬書十二章11節記載：「殷勤不可懶惰。要心裏火熱，常常服事主。」在這段經文中，保羅勉勵我們可以做得來的，就不應隨便推卸責任。

第五是：恆心。哥林多前書十五章58節記載：「常常竭力多做主工；因為知道，你們的勞苦在主裏面不是徒然的。」保羅在這段經文中提醒我們抱著只問耕耘，不問收穫的態度運用我們的恩賜，因為收割的主自有主意，不用我們為祂謀算收穫的問題。

第六是：愛心。在哥林多前書十三章1至3記載：「我若能說萬人的方言，並天使的話語，卻沒有愛，我就成了鳴的鑼，響的鈸一般。我若有先知講道之能，也明白各樣的奧祕，各樣的知識，而且有全備的信，叫我能夠移山，卻沒有愛，我就算不得甚麼。我若將所有的賙濟窮人，又捨己身叫人焚燒，卻沒有愛，仍然與我無益。」保羅在這段經文中教訓我們在運用恩賜的時候，要為他人設想，考慮別人的需要及困難。

雖然上述六點還未能夠將聖經對信徒如何運用恩賜，造就別人建設教會的教訓全部總括下來，我相信我要承認自己的渺小及有限。但是無論怎樣，我們一生都在學習，好讓彼此都得到造就，建設教會。

反思問題

1. 上帝賜恩賜給人目的是建立教會及上帝的國度。你是否願意為建立教會發揮恩賜呢？
2. 內在生命比恩賜能力更重要，你是否以愛來運用恩賜呢？
3. 當人年紀漸長的時候，熱誠會減退。你是否被聖靈充滿熱心事奉呢？

21 教會增長的原因

徒二 37~47

我們發揮恩賜、事奉上帝，目的是為了建立基督的身體，因此，我想引用使徒行傳二章37至47節來探究一下教會增長的原因。好使我們能判斷自己事奉是否正朝著正確的方向發展。

按真理宣講

使徒行傳二章14至36節記載彼得在五旬節的公開講道，他在主耶穌基督復活升天後，於五旬節的日子被聖靈充滿，勇敢地宣講主耶穌基督死而復活的信息。彼得在主耶穌被捉拿的晚上，三次不認主，主耶穌復活後在提比哩亞海邊顯現，呼召彼得，因此，彼得見證主耶穌基督已經從死裏復活。他不再擔心羅馬官兵及猶太人的捉拿，與其餘的使徒聚集起來，勇敢地在耶路撒冷傳揚主耶穌基督從死裏復活的信息。彼得是一個衝動的人，但亦是一個膽怯的人。他在三次不認主之後，更加了解自己的軟弱。在五旬節的時候，上帝的靈充滿了他和其他使徒，讓他們勇敢宣講主耶穌基督復活的信息。彼得並非靠自己的口才、學識，他只是順服聖靈的引領，將上帝感動他的信息宣講出來。結果有三千人信主，並接受洗禮。彼得的信息令聽眾扎心（37 節），是因他清楚指出猶太人的錯誤來——他們竟然將上帝的兒子釘在十字架上。彼得的宣講揭開猶太人的罪，因此，猶太人感到扎心。他們有回轉歸向上帝的機會。

這段經文提醒我一個重要教訓，就是教會增長其中一個原因，就是按真理宣講。今日華人教會面對的其中一個問題，就是只談感覺的信仰趨勢，而教會和事工卻一味遷就縱容。我發現弟兄姊妹在崇拜、團契裏面，都高舉感受，欠缺結實的真理造就。結果，我們年輕一代的基督徒，缺少一種客觀批判的思考力，以較為主觀及情緒化的角度看事情。我在神學院教系統神學、倫理學、哲學，是屬於思考性的科目。我發現神學生亦有思考方法上的欠缺，所以近年教會的宣講傾向情感化、心理化。這種現象並不健康，我們要作出補救，必須在講壇上強調聖經的真理教導，在教會的活動裏面，重視聖經的教導，而不是將聖經教導單單視為其中一個項目。其實，教會最吸引人的地方是真理，是實實在在的真理。所以，在這高舉「感覺」的世代，我們更應著重硬橋硬馬的訓練。

彼此相愛

使徒行傳二章44至46節記載：「信的人都在一處，凡物公用，並且賣了田產、家業，照各人所需用的分給各人。他們天天同心合意恆切地在殿裏，且在家中擘餅，存著歡喜、誠實的心用飯。」教會增長的一個原因是彼此相愛，團契並非一項活動，亦不單是一種組織，而是一種關係。教會是一個人人平等的地方，不論你是有識之士、工人、有錢人、窮人，都是因為耶穌基督的十字架而獲得拯救。教會是一個互相尊重的團契，彼此不必自設關卡。在屬靈上，人沒有階級的分別，一旦當人要抬舉自己，製造特權階級的時候，就是失去愛心的時候。當人失去愛人的心的時候，就根本不懂得俯就卑微的人的道理，反而只會期望自己獲得別人的尊重。當人在教會裏面，不斷期望獲得別人尊重的時候，亦會減少對人的服事與關懷。其實，那些真誠、勞苦服事人的弟兄姊妹，必然會得到尊重，如果我們好像法利賽人般求名、求地位，最終就是失卻愛心。當教會失卻起初的愛心的時候，人就缺乏對人的溫情。當人的注意力集中事務、行政管理的時候，亦會減少那種放下身段，做一些「落手落腳」服事的工作。

主耶穌教訓我們誰願為大就要作眾人的僕人，如果我們還未學曉如何服事他人，就還未明白如何作領袖。我認為彼此相愛就是要站在對方立場，思考如何讓他獲得屬靈上成長的機會。同時亦讓他為你屬靈生命的需要代禱。或許不同的人對彼此相愛的理解有不同層面的著重。不過這並不是一個問題，最重要的是你為上帝的緣故關心你的弟兄姊妹。如果你要關心別人，你要開放自己，主動表示你的誠意；同時你亦要接受別人關心。因為彼此相愛不是一個享與受的行動，而是一個互動的過程。

我覺得使徒行傳記載信徒變賣家產、凡物公用的情況未必是我們必須學習的模式。重要的是我們要緊記自己是上帝的管家，受託管理地上的才幹、財產。我們應該樂意分享，讓更多人得到益處。一個內心充滿愛的人，生命帶著熱力和動力，不會將自己的弱點、挫折、失敗看得太重。一個有愛的人，會與困苦的人感同身受，並且設法為他人著想。我們愛人因為我們陷在矛盾、困境的時候，上帝幫助我們，有弟兄姊妹幫助我們。因此，當我們克服困難的時候，以感恩的心愛那些有需要的人，作為對上帝的回應。

祈禱得著聖靈的能力

使徒行傳二章38節記載信徒悔改，奉主耶穌基督的名受洗，罪得赦免，領受聖靈；42節亦記載信徒恆心遵守使徒的教訓，彼此交接、擘餅、祈禱。初期教會的特點是有能力的宣講，有愛心的團契，有恆切的禱告。禱告是與上帝溝通的方法，亦是從上帝領受指引的渠道。禱告並非主日崇拜、團契、會議的例行程序。祈禱是要邀請上帝臨在，親自作主。祈禱使我們在方向不明的時候，放下自己的觀點，聆聽上帝的聲音。

對事奉上帝的人來說，我們往往會遇到內心的掙扎，例如家人的反對，工作的壓力，同工或弟兄姊妹間的不合作。一個熱心事奉上帝的人自然會遇上考驗。主耶穌基督在開始傳道之前，亦遇到魔鬼的試探。所以，我們作為主耶穌基督的門徒，遇到試探考驗，亦十分自然。有些時候，我們覺得無力應付，灰心失望。祈禱使我們重新肯定上帝的呼召，從新調校方向，將面前的難題化解。祈禱幫助我們心志上願意為上帝付代價，藉著謙卑禱告，祈求上帝改變人的心。因此，很多同道形容事奉是一場屬靈爭戰。我覺得事奉確實是一場屬靈爭戰。不過，我不願意大家將魔鬼的力量看得太大，因為主耶穌基督已經從死裏復活，我們所信的主是勝過死亡復活的主。所以，我們為祂工作，只管向上帝祈求，祂必定會讓我們看見上帝的力量。

祈禱是讓上帝作工的最好方法，我們事奉上帝，必須將自己降服在上帝的主權底下，藉禱告學習謙卑順服。同時，我們要在禱告中祈求異象，讓上帝使用我們。在推展上帝的工作的時候，我們要祈禱求上帝感動弟兄姊妹同心合意，一起為上帝工作，沒有火熱的禱告，人會容易因自我中心而令合作關係受破壞，事工受虧損。所以，禱告是得力事奉的最佳方法。為甚麼有些教會資源豐富，但事工卻停滯不前，原因就是人的自我中心太強，還未學懂以火熱的心禱告。求上帝改變我們，成就大事。當人自己設置關卡，攔阻聖靈的工作，人的計劃必然遇到挫折、失敗。所以，我們要恆切禱告，求上帝感動人的心，愛上帝，愛教會，愛人的靈魂，熱心栽培信徒，熱心佈道。

反思問題

1. 近年教會以改善配套作為增長方法，你是否願意在聖經及神學方面下功夫，按真理宣講呢？
2. 當教會偏重「對尋道者敏銳」的理念吸引人出席崇拜的時候，你是否願意努力建立一個有愛的羣體呢？
3. 靈命更新需要聖靈的能力，你是否願意追求被聖靈充滿，改變人生的方向呢？

22 藉著禱告為主爭戰

弗六 10~20

以弗所書六章10至13節教導我們要依賴主的力量作剛強的人，要穿戴上帝所賜的全副軍裝，抵擋魔鬼的詭計。主耶穌基督曾經講過康健的人用不著醫生，意思是那些覺得自己無助無能的人，才會在上帝面前謙卑，承認自己的軟弱，尊崇上帝的主權。與此同時，經文呼籲我們作剛強的人，因為上帝是大能的上帝，能叫我們的生命因著福音而改變。

作剛強的人

很多人就是帶著各種大大小小的問題去信耶穌，俯伏在上帝面前。從某個角度來說，信仰是一種心靈的治療、心靈的釋放。信仰具有心靈輔導成分。教會就負上治療羣體的使命。在我的體驗裏面，信仰的力量就是在人失去存在的勇氣的時候，產生激勵人前進的作用。信仰將人從灰心失望中扶起來。很多弟兄姊妹都會感到人生充滿壓力、無奈、焦慮，因此，在詩歌敬拜的時候，常常吐露這種心聲，信仰給人自我肯定、給人尊嚴、給人生存的價值。縱使人在世上缺乏人的關懷、缺乏人的注意、缺乏發展的機會，上帝仍然珍惜我們。

我自己亦走過心靈的幽谷，明白信仰於心靈治療的意義，亦同意教會是心靈治療的羣體，同時是傷兵的醫院。不過，我的經歷讓我發現上帝讓我們心靈獲得治療，生命獲得重整後，就準備訓練我們成為一個積極進取、鬥志旺盛的精兵。我喜愛足球運動，我明白球員受傷的感受，當自己在場外後備席上觀看賽事的時候，心裏總會想盡快康復，回復狀態再次披上戰衣出賽。休息療傷是一個短暫的階段，目的是恢復元氣，再次在球場上拚。在屬靈生命成長方面，我們總會有心靈疲倦的一刻，我們需要有空間，安靜地面對自己，在上帝面前重新發現自己的價值、貢獻，接納自己的限制和失敗，重新為自己的人生目標定位。在安靜重整生命目標後，我們就要坐言起行，付諸行動，邁步向前。

我個人對輔導很有興趣，不過卻擔心信仰的詮釋過分輔導化，以致信徒失卻作戰的意志，教會失去為上帝爭戰的勇氣。我有時會形容在一般心理輔導以外，有兩種對我有效的輔導方法，一種是飲食治療法（food therapy），第二種是足球治療治（football therapy）。有些人會用購物治療法（shopping therapy）使自己心情興奮，不過，任何一種方法都只是幫助我們減輕心理的鬱悶，只有上帝才能夠滿足我們的心靈的需要。上帝不單以十字架的福音醫治我們心靈的罪與創傷，上帝要以愛重新建立我們，讓我們合乎主用，作主的精兵。

要承擔事奉，我們不是看自己的限制，而是看上帝的大能。當我們對上帝有完全的信賴的時候，我們就會有堅強勇敢的心志面對挑戰。我認識一些弟兄姊妹，參與教會植堂事工，在一切尚未建立的禾場開荒建造。當然那些決志投身植堂事工的弟兄姊妹，已經準備全情投入，「落手落腳」，做鋪橋搭路的工夫。面對一個新環境，教會人數只有幾十人，但是要安排主日崇拜，編排司琴、讀經、司事員、招待員、崇拜主席，已經全民皆兵。在主日崇拜的同時，又要安排兒童天地，在崇拜前又要有主日學，崇拜後又要有聯誼工作。面對一個宣教禾場，接觸新來賓，探訪關顧亦不可少。牧者與成熟的弟兄姊妹經常要探訪新朋友。可想而知，弟兄姊妹需要付出極大的心力和時間。如果開設團契，數十人裏面亦可以有不同的年齡組合，一間小小的教會，要「麻雀雖小，五臟俱全」，一時間要推展不同的事工，燃點多個火頭。所以，願意投身植堂事工的弟兄姊妹必然有強烈使命感，甘心樂意為教會的需要而獻上時間、才幹、金錢、禱告……

弟兄姊妹，上帝呼召我們作一個剛強的人，要穿戴上帝所賜的全副軍裝。一個軍人首先要接受嚴格的訓練，如果只穿上軍服，卻沒有接受軍訓，就好像一些小學生暑假到黃埔軍校接受一星期的所謂辛苦訓練，又或者好像青年人參加野戰遊戲般，純粹是一種野外活動。穿上軍裝，就要接受嚴格紀律訓練。我認為穿上全副軍裝表示我們要過紀律生活，有恆常的禱告及讀經生活，並且學習事奉，學習接受教導。當我們經過這些操練以後，才能夠有健壯的屬靈生命，以致可以與罪惡魔鬼爭戰。保羅勉勵我們在艱難的日子要站立得住，要抵擋仇敵。我們在地上經歷的艱難，在屬靈層面上是一種屬靈爭戰，我們無法憑人的能力爭勝，只能依靠上帝的能力爭勝。保羅勉勵我們作剛強的人，為上帝作精兵。

站穩後出戰

以弗所書六章14至17節教訓我們要用真理束腰，用公義作護心鏡，用平安的福音作走路的鞋，拿信德作藤牌，滅盡那惡者的火箭，並戴上救恩的頭盔，拿著聖靈的寶劍，就是上帝的道。一個士兵要受真理的約束，內心以公義作行事待人的原則，奔走世程要以平安的福音作走路的鞋，用對上帝的信心來抵擋各種攻擊，相信上帝必定保護，深信上帝救恩的應許，以上帝的道作寶劍來爭戰。

首先，讓我們集中注意聖經是上帝的道，是上帝的寶劍，上帝的說話是攻破各種惡勢力最有力的武器。我們要深信上帝的說話帶著能力,在出戰之前,我們首先要站立得穩,然後接受真理的約束,不是憑血氣爭戰,不是感情用事,要冷靜地以真理作行事為人的標準。當我們在世上生活,必須有公正的心,如果人心術不正,事奉動機不純正,日後會遇上很多上帝的責備。作為一個基督的士兵,我們的人生是為福音奔走,我們腳踪所到之處,應該是佈道的據點。

當我們以傳福音作為人生的目標的時候,我們會遇上屬靈的攻擊,不過保羅勉勵我們以信心面對各種攻擊與考驗。有些時候,魔鬼會用各種方法控訴我們,使我們自卑自憐,不敢在上帝面前抬起頭來。不過,保羅安慰我們,上帝在耶穌基督裏已經完全赦免我們的罪,如果我們在信主後犯罪,我們亦可以向上帝求赦免。上帝在十字架上向我們罪人招手,上帝知道我們的失敗,上帝要求我們悔改,上帝給予我們改過的機會。縱使我們信主後,亦不是立即成為聖人,我們在地上生活,亦會面對很多矛盾與掙扎,我們會經歷保羅的內在掙扎,內心希望行善,卻行出惡來。上帝確實要求我們過聖潔生活,我們亦會要求自己過聖潔生活,不過,每一天我們總有過犯,我們可能在言語上傷害人,在思想上犯罪、攻擊人,以仇恨的態度待人。我們在現實生活上遇到很多試探,我們會遇到金錢的試探,色情的試探,權力的試探。我們無法自恃自己的意志,只能夠時刻禱告,求上帝幫助我們面對各種考驗。

我們作為基督的士兵,有些時候會順利地克服考驗,不過我們亦會有軟弱跌倒的時刻。因此,我們一方面要時刻在上帝面前警醒，保持高度的注意力，留心自己是否陷入危險的境地。另一方面，我們應該邀請一些弟兄姊妹作守望者，彼此祈禱，互相支持。

我自己經常與弟兄姊妹一起守望禱告，特別邀請屬靈長者為我代禱。我感謝上帝，因為前輩的經驗及屬靈體會，對我十分有幫助，並且提醒我行事為人的方向。我有緩步跑的習慣，一星期有一次在球場跑圈。跑圈是十分單調及沉悶的，來來回回，但卻是十分有益的操練。我會一邊跑步，一邊在心中向上帝訴說我所面對的難題，求上帝幫助我有信心克服難題。我在遇到困難的時候，一方面會請同伴代禱，另一方面會在運動中增加自己對上帝的信心。我太太不喜歡運動，她若遇到困難會選擇與我一起禱告，或找她的屬靈知己分享。我想每一個人都有不同的得力的方法。當我們遇到屬靈攻擊的時候，我們必須依靠上帝站立得穩，然後要為上帝出戰。我們不能被動地防守，相反要主動出擊。當然，我們要主動出擊，首先要有紀律的屬靈操練；在事奉上有操練，對上帝有受教的心，有弟兄姊妹的支持代禱，我們就可以放心在戰場上戰鬥。

藉禱告支持傳道工作

18至20節教訓我們靠著聖靈，隨時多方禱告祈求，警醒並且為眾聖徒祈求。保羅也請弟兄姊妹為他代求，使他有勇氣，有口才傳揚福音。保羅提醒我們要重視禱告，依靠聖靈的能力，並且要為眾聖徒代禱。

在我事奉過程中，我發現我最有把握的，是為弟兄姊妹代禱，而不是甚麼課程或者甚麼教學法。我擔任一個職青團契的導師，我每天為團契導師、職員、團友、新朋友祈禱，我看見上帝親自牧養職員，親自感動團友決志受洗，加入教會，親自激勵尋道者開始學習祈禱讀經。我沒有甚麼團契增長妙法，我的年齡與平均年齡二十五歲的青年人有一段距離，與我同工的另一位導師，他的女兒的年齡也不過較團友稍輕一點而已。大家可以想像是上帝親自賜福，使團友的屬靈生命成長。我自己每個月發出代禱信，邀請大家代禱。我經歷祈禱的能力，當我預備講章，應付各個主日學課程、專題講座的時候，都覺得上帝特別幫助，如果不是上帝的恩典，我根本無法了解弟兄姊妹的需要。

近年我週末協助教會牧養工作，開始更多了解教牧同工的情況。我形容教牧同工的工作零碎而繁雜。每天要處理各類文件、大小事情，聽電話、處理行政事務，已經用了大半天，如果有弟兄姊妹分享個人需要，又要放下手上的事情，細心聆聽。教牧同工每天都會有意想不到的突發事件要處理，又要定時探訪弟兄姊妹，有些時候，甚至連安靜地寫講章的機會都沒有。因此，我們更加需要為牧者代禱，求上帝賜他們愛主愛人的心，在繁重而瑣碎的事務中，能夠保持安靜禱告，親近主的習慣，在禱告中領受從上帝而來的信息。

我們活在一個資訊爆炸的社會，人在大量資訊的網絡世界中，不斷受思想的感染，電視遊戲機、電視節目、光碟、電影……不斷傳播色情和暴力的信息，人就習慣了思想和語言暴力。現時校園暴力事件比以前嚴重，在我年少的時候，同學打架亦時有發生，不過鮮有集體羣毆一名弱小的同學的情況。因此，我們是與世俗文化作強弱懸殊的爭戰，我們在文化戰線上不斷被邊緣化。我們需要振作起來，勇敢地宣告主耶穌基督是全地的主，是人生命的救主。我們需要更多基督徒向人傳福音和作見證。我們需要運用大眾傳播媒介傳主耶穌基督的福音。我們有生命之道，我們有解決人生問題的答案，我們需要弟兄姊妹在禱告上支持傳道的工作。

弟兄姊妹不單要為牧者代禱，同時要為每一位基督徒祈禱。我們有弟兄姊妹擔任學校教師，我們需要為他們在工作上盡忠職守，表現卓越祈禱。我們需要為他們能夠把握機會，接觸學生，傳遞生命的道而祈禱。我們亦要關注在醫護界工作的弟兄姊妹，求上帝幫助他們在職場上作美好見證。我們要看見每一位弟兄姊妹與牧者一樣，都同樣負起傳福音使命。我們每個基督徒都應該是主耶穌基督的門徒，將生命的主權交託給上帝，因此，我們不會將信徒分為平信徒或聖品人員。我們當中有被上帝呼召的牧職人員，他們在職分上負起屬靈領導的任務，專心教導及牧養工作。但是他們在救贖的身分上與眾弟兄姊妹一樣。所以，上帝吩咐的傳福音使命，並非只適用於牧者，同時是對整個教會發出，我們要大膽向上帝祈求，求上帝的聖靈動工，感化人歸向祂，使更多的人獲得福音的好處。

反思問題

1. 你是否內心被很多煩惱捆綁，你曾否全然信賴主，懇切向主祈求呢？
2. 你是否認為信仰的目的是一種心靈慰藉，沒有想過為主爭戰呢？
3. 你是否深信禱告使人得勝呢？

教會事工系列

伴你作多方面裝備，服事教會！

門徒生命的陶造——認識作門徒的呼召、代價與成長

郭鴻標 著／ HK$68

時間：歷久常新——教會年曆與靈命塑造

Ancient-Future Time: Forming Spirituality Through the Christian Year

韋柏（Robert E. Webber）著／陳永財 譯／周君善 學術校閱／ HK$108

崇拜：歷久常新

Ancient-Future Worship: Proclaiming and Enacting God's Narrative

韋柏（Robert E. Webber）著／陳永財 譯／ HK$98

崇拜與聖樂——理論與實踐全方位透視

陳康 著／ HK$128

不可或缺的教會——重獲流失的一代

Essential Church? Reclaiming a Generation of Dropouts

湯姆·雷納（Thom S. Rainer）、薩姆·雷納（Sam S. Rainer III）著／陳永財 譯／ HK$88

真誠的關係——發掘失落了的互為肢體之道

Authentic Relationships: Discover the Lost Art of "One Anothering"

韋恩·雅各布森（Wayne Jacobsen）、克萊·雅各布森（Clay Jacobsen）著／陳永財 譯 HK$78

人際衝突與靈命塑造

陳校慈 著／ HK$78

創意處理衝突——調解與重建關係的五堂必修課

Managing Conflict Creatively

唐納德 C. 帕爾默（Donald C. Palmer）著／何敏璇、石彩燕 譯／ HK$78

佈道日常：小組研習 12 課——在生活中傳福音談信仰

Holy Conversation: Talking about God in Everyday Life

理查·皮斯（Richard Peace）著／黃大業 譯／ HK$68

聖經通識叢書

兼顧學術研究的精確和執著，
並教會信徒生活上的的實踐。

聖經鳥瞰

為您精簡而全面地展現聖經的本體與其來龍去脈

基礎篇 黃錫木 著／HK$93

進深篇 黃錫木 著／HK$68

聖經書卷要領

助您宏觀同類的聖經書卷

舊約先知書要領 黃嘉樑、梁國權、雷建華 著／HK$98

耶穌生平與福音書要領 孫寶玲、黃錫木 著／HK$98

使徒行傳與保羅書信要領 張達民、黃錫木 著／HK$98

希伯來書、大公書信與啟示錄要領 張略、黃錫木 著／HK$78

聖經書卷析讀

助您進深分析個別聖經書卷的內容和信息

在曠野中與上帝同行——民數記析讀 黃嘉樑 著／HK$168

建立新世代——申命記析讀（卷上） 賴建國 著／HK$138

建立新世代——申命記析讀（卷下） 賴建國 著／HK$138

剛強壯膽回應上帝的應許——約書亞記析讀 黃嘉樑 著／HK$163

背約沉淪的循環軌迹——士師記析讀 吳獻章 著／HK$138

以敬以虔活在當下——傳道書析讀 吳慧芬 著／HK$138

愛的審判與生命的應許——耶利米書析讀 熊潤榮 著／HK$148

與人同在的彌賽亞君王——馬太福音析讀(卷上) 黃漢輝 著／HK$128

與人同在的彌賽亞君王——馬太福音析讀(卷下) 黃漢輝 著／HK$128

奔走風塵的僕人——馬可福音析讀 張略、黃錫木 著／HK$118

逆轉人生的上帝之子——路加福音析讀 孫寶玲 著／HK$128

道成為人的耶穌——約翰福音析讀 吳道宗 著／HK$138

風起雲湧的初代教會——使徒行傳析讀 張達民、黃錫木 著／HK$98

情理之間持信道——加拉太書、帖撒羅尼迦前後書析讀
張達民、郭漢成、黃錫木 著／HK$98

同歸於一得基業——以弗所書析讀 郭漢成、劉聰賜 著／HK$128

連於基督走窄路——歌羅西書析讀
曾思瀚 著／蘇慧中 等譯／HK$108

僕人領袖的教導與領導——提多書、提摩太前書析讀
曾思瀚 著／曾景恒 譯／HK$138

擁抱危機的事奉傳承——提摩太後書析讀 曾思瀚 著／曾景恒 譯／HK$98

其他出版

讓您多方、多向，更完整地研讀聖經

憑祢恩言——實用基督徒生活手冊 郭鴻標、黃錫木 主編／HK$108

聖經通識手冊 羅慶才、黃錫木 主編／HK$188

聖經導論叢書

一套高質素的原著作品，適合華人神學院和資深信徒使用的教材！

新約歷史與宗教文化導論

黃錫木、孫寶玲、張略 合撰／ HK$118

福音書總論與馬可福音導論

黃錫木 編著／ HK$108

使徒行傳導論

袁天佑 著／ HK$83

加拉太書導論

郭漢成 著／ HK$108

啟示錄導論

吳獻章 著／ HK$108

緊扣時代 服事教會

以文字傳揚基督真道

讀者意見表

衷心多謝你購買本社書籍。本社一直致力以出版事工服事教會，幫助信徒扎根於神的話語，促進靈命增長。為使我們的出版更能滿足你的需要，請填寫下列各項資料，並寄回或傳真予本社。

所購書籍：________________________

本書最吸引你的地方：

□作者　□適切性　□文筆　□設計　□實用性

□其他：________________________

購買本書地點：

□基道書樓　□基督教書店　□非基督教書店

性別：□男　□女　職業：________________

信仰：□基督徒　□非基督徒

年齡：□16歲或以下　□17～25歲　□26～35歲

□36～55歲　□56歲或以上

學歷：□中三或以下　□中五　□預科

□大學　□研究院

□我欲更多了解基道出版社的事工及考慮支持，請寄給我下列資料：

□機構簡介　□新書資料　□基道會員通訊

□《基道文字事工通訊》

姓名：________________ 電話：________________

地址：________________________________

____

傳真：________________ 電子郵件：________________

其他意見：________________________________

____

多謝賜教！

基道出版社

意見表可以傳真（2687-0281）或直接郵寄以下地址：
香港沙田火炭坳背灣街26號富騰工業中心1011室
基道出版社編輯部收